安野 功
國學院大学教授

教務主任の仕事整理術

限られた時間で最大限の効果を生み出す！

東洋館出版社

はじめに

教務主任の仕事って何だろう？

長い教員人生を歩んでいると、ふとこんな素朴な問いが頭を過ぎることがあります。

それは教務主任として激務をこなす日々のふとした瞬間。あるいは「そろそろ君も来年あたりは教務主任だな」と職場の校長から印籠を渡された瞬間。そしていま、あなたが本書を手にしたこの瞬間です。

でも、あなたは本当に運がいい。

教務主任の仕事って、本当は何だろう？

そう問い続け、その疑問を解き明かすいくつかの扉を開いていくと、学級担任時代には見ることのできなかった新しい風景、**教員人生のセカンドステージ**を垣間見ることができるからです。

そこには学級担任として子どもを育てていく楽しさや喜びとは一味違った別次元

のやり甲斐があります。

それは若手教員を育てるというやり甲斐、そしてその結果として学校が変わり子どもが育つというやり甲斐です。それは一担任では決して味わうことのできない教員人生のもう一つの醍醐味なのです。

それでは、**教務主任の本当の仕事とはいったい何でしょうか？**

それを解き明かしていくことが本書の目的です。だからここでは結論とエッセンスを述べるだけに留めておきます。

かく言う私の結論とは、**『教務主任にしかできない仕事を創り出していくことこそが、教務主任の本当の仕事であり役割である』**ということです。

それは例えば、教員のボヤキを聴き逃さず、背後に潜んでいる問題点をあぶり出し、その根を断ち切っていくこと。あるいは、ボヤキをぶつけてくる教員の潜在的なやる気と発揮しきれていない実力や可能性を見抜いて活躍の舞台を創り、その実力が発揮できるように仕向けていくこと。そして、組織の原動力として活躍できるポジションを与えていくことです。

こうした若手教員が活躍できる場を見いだし、仕事の渦に巻き込んでいくことこそ、教務主任にしかできない仕事なのです。

けれども、それを成し遂げていくには発想の転換が必要です。「教務主任は、校長や教頭に次ぐ管理職のナンバー3である」という常識的な見方や考え方を一度白紙に戻し、「教務主任が校内においてどんな位置にいるのか」を問い直してみることが大切です。そうすることで、「子どもと直接向き合って教育実践の最前線に立つ教員のチームリーダーである」という教務主任のもう一つの立ち位置が見えてくるからです。これは、いわば教務主任観の転換を図るということです。

つまり教務主任にしかできない仕事を成し遂げていくには、この**教務主任観の転換が必要不可欠**なのです。

それを喩えて言うならば、チームリーダーである教務主任が目指すのは、チーム学校を優勝へと導くということ。その優勝とは自校の子どもたちの「学力の向上」「豊かな人間性の育成」「たくましい心と体の育成」であり、知・徳・体の調和のとれた「生きる力」を育むことです。

また、その優勝を勝ち取るためには、教員一人一人の実力を高めるとともに、チーム学校の結束力をより確かなものにしていく必要があります。その要となるのがチームリーダーである教務主任なのです。

この**教務主任観の転換を図る**ことが、本書のもう一つの目的です。

かく言う私も、実は２つの学校で教務主任を務め、数多くの失敗を経ながら必死でその激務に立ち向かっていきました。そこでの経験こそがその後の教員人生の糧になっています。

本書では、この教務主任時代のエピソードを織り交ぜ、自らの体験に基づく実践論を展開していきます。この**実体験に裏打ちされた現場目線の実践論**こそが本書の生命線であり、他の類似書との大きな違いです。だからこそ本書は、現場の最前線に立つ読者＝あなたの悩みに必ずお応えできるものと確信しています。

さあ、本書を手に取り、教務主任（チームリーダー）だからこそできる仕事を創り出し、教務主任の仕事の醍醐味を味わってみませんか。私がその水先案内人を務めさせていただきます。

目次

第2章 よりよい人間関係と組織づくり

第3章 学校の教育力をビルドアップする

第4章　先手を打って、教師の仕事をやりやすくする

第1章

教務主任のミッション

教師を「人財」へと導く台風の目

1　学校が問い直されている人材育成と能力開発

本来、学校という社会は、一般社会の通念と異なる側面をもっています。その側面が、かつては「教職は聖職」「学校は素晴らしい職場」といった時代的気運をつくり出していました。

それが、時は流れ、時代は変わり、学校に社会一般の目が入り込むようになりました。いわば、学校のあり方が根本から問われる時代に突入したと言ってよいでしょう。

その一つに人事があります。

組織は人で成り立つものですから、民間企業であれば、組織において構成員がどのような役割を果たしているのか、いかに貢献できているかという企業やその業績に対する貢献度を推し量る人事課があります。しかし、学校には、この人事課に相当する分掌がありません。

そして、もう一つが能力。

資料１　教員の年齢別構成の推移

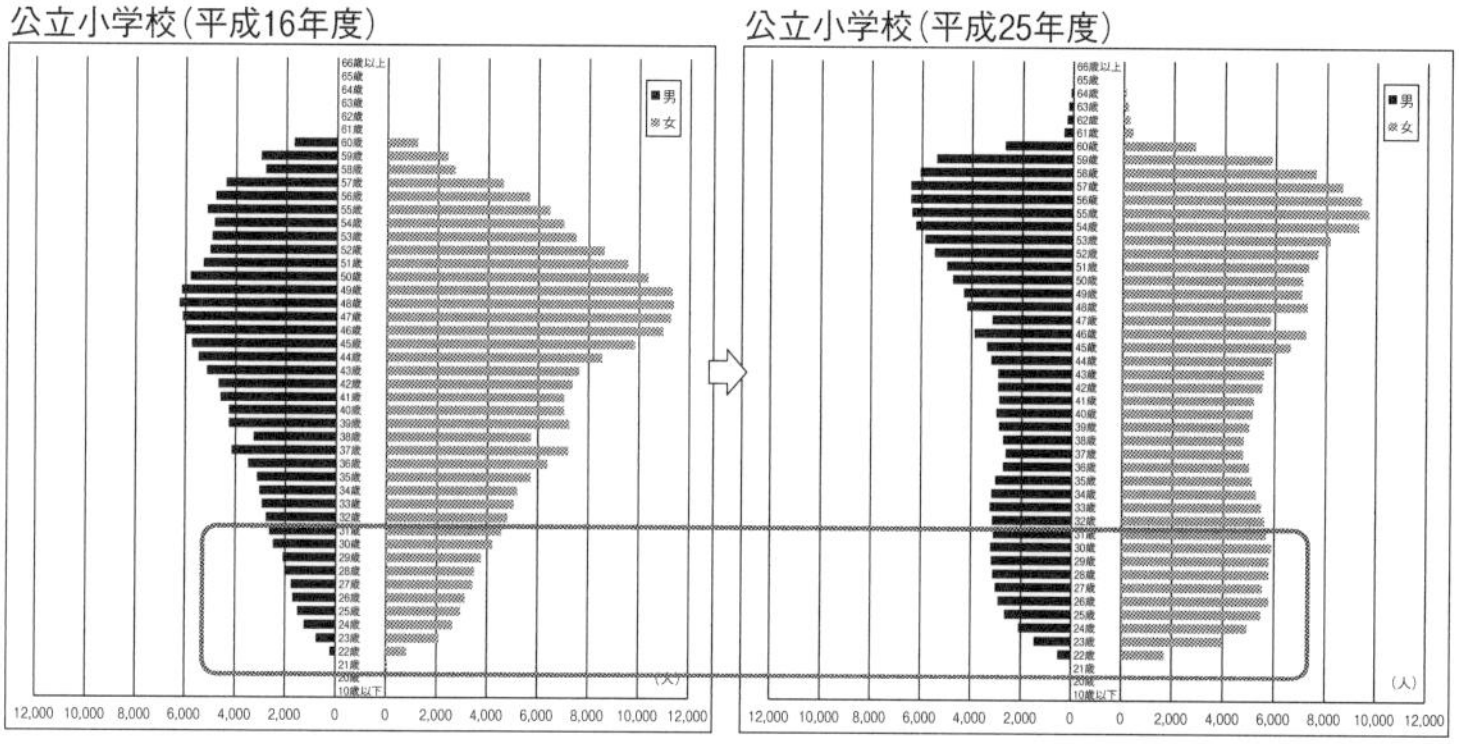

出典：文部科学省「平成25年度学校教員統計調査」

かつて学校の教職員構成は、能力的にも年齢的にも、ベテランがしっかり若手を育てるという構図が描けるバランスのとれた形状でした。しかし、この年齢別構成のバランスが崩れてきています。

現在の学校組織構成の最も特徴的なことに、若手集団層への偏りがあげられます。**資料１**（平成27年3月公表）が示すとおり、中間層がへこみ、年齢が下位になるほど裾野が広がっているのです。

若い人たちは、当然のことながら教師としての経験が不足しています。さらに近年の価値観の多様化と相俟って、たとえ能力が高くても、個に収斂しがちで、組織全体にもたらされる貢献度は低位となりがちです。教職員間の協働があって組織が成立する以上、貢献

資料2

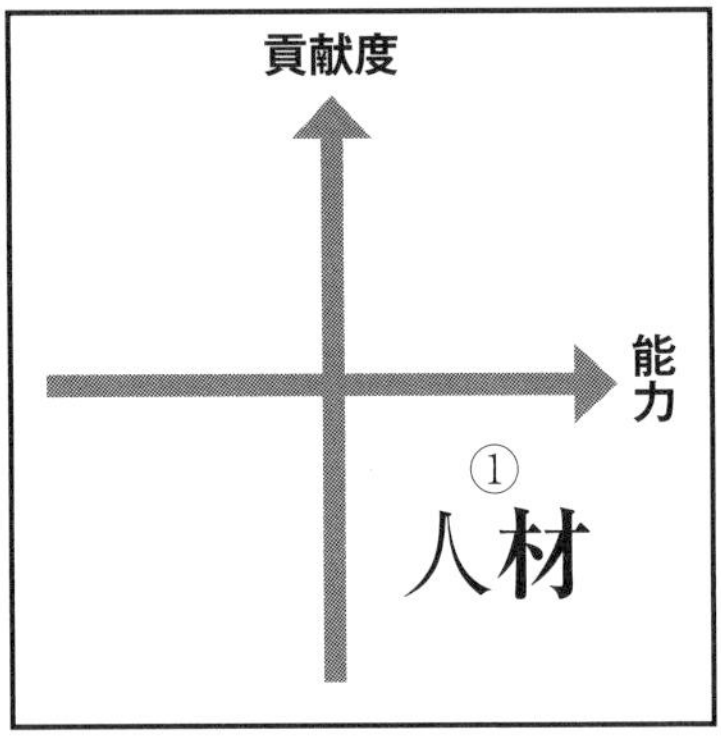

資料3

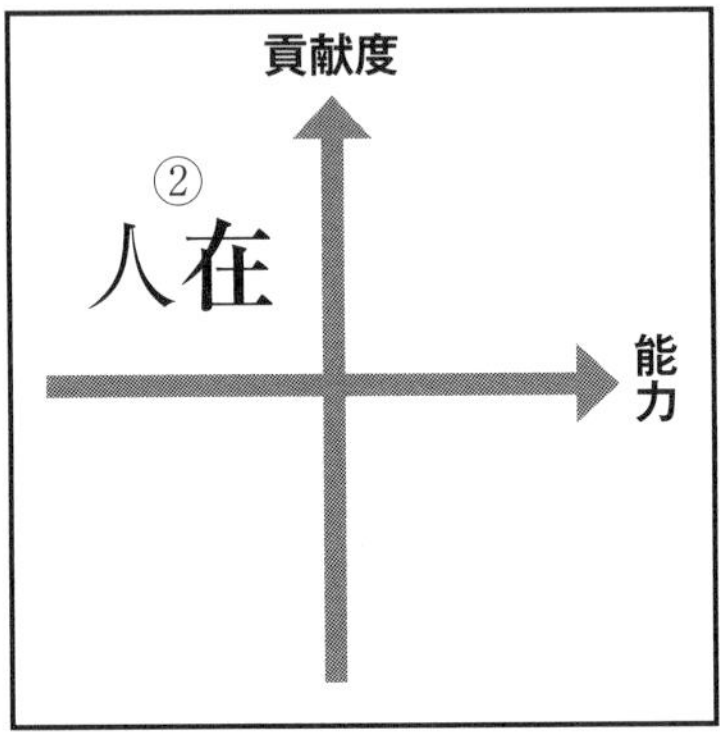

度という観点で見れば、若い人は未開発です。

その一方で、若手教師はベテラン教師にはない潜在的な可能性をもっています。教員採用試験などで、面接官から「ぜひ育ててみたい」と嘱望されて教師になった人たちですから、いずれは学校組織における貢献度を高めていける将来性が買われて採用されたわけです。

このような潜在的な可能性を秘めた新任教師や、高い資質を有するものの経験が浅い教師は、**資料2**の①に該当します。能力は期待できるが貢献度が低いという点で、組織の中ではまだ「素材」のような位置付けです。

それに対し、**資料3**の②のような教師もいます。学校の向かうべき方向に対して前向きではあるが、力量不足の教師です。いわば、ただそこに「存在」しているだけの教師です。

資料4

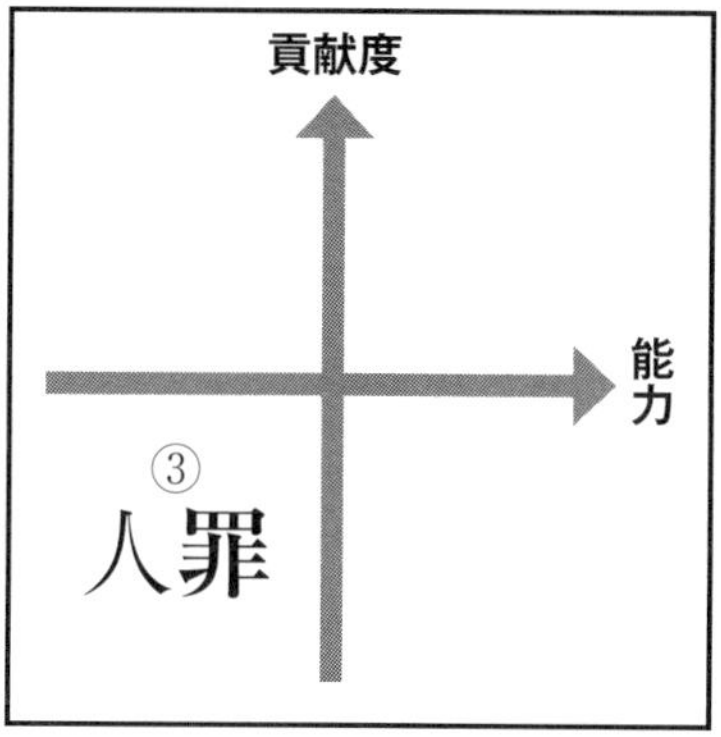

資料5

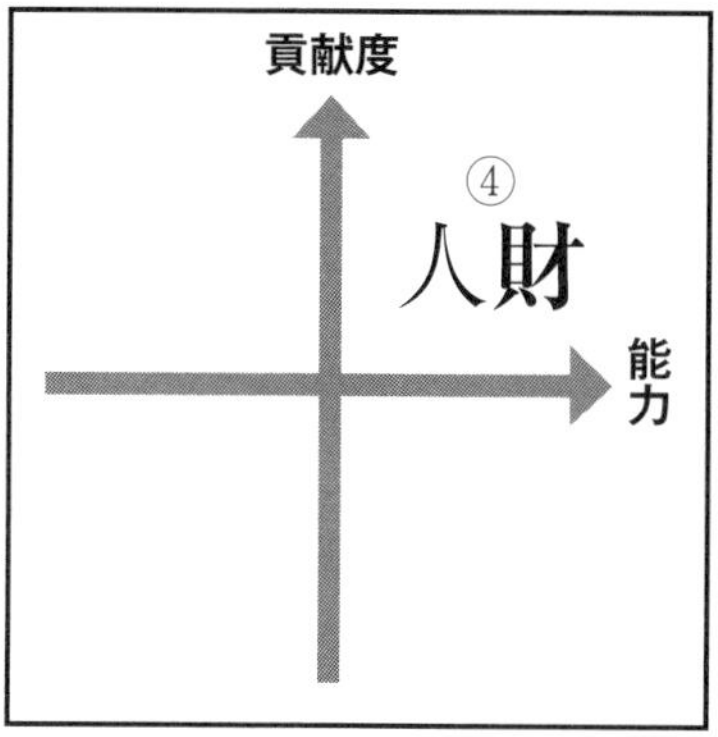

さらにもう一つ、どんな組織であってもブレーキになってしまう人がいます。教師としての能力もさることながら、これから学校が向かおうとする新たな試み・新規事業（たとえば、研究委嘱）に対する障害となってしまうような存在で、**資料4**の③がこれに当たります。

言葉は悪いのですが、いるだけで「罪」な教師です。学校としては、何をどう指導しても改善が見込めないので、資料4の③の位置に封じ込め、学校全体に与える弊害を最小限にとどめることが基本路線となります。

このように、1校の教職員層から考えると、①〜③の存在がいるわけです。これに対して、**資料5**の④の存在がいます。管理職やミドルリーダーがこれに当たります。知識・スキル・経験の三拍子揃った学校の「財産」に当たる存在です。

「人は財なり」です。目指すは、いかにして①や②の教師を、「能力」と「貢献度」の両面から④に向かうように引っ張り上げていくか。これが、たいへん重要な課題になっていると思います。一人でも多くの教師が④に近付いていけば組織は強くなり、ひいては学校の教育力が活性化します（**資料6**）。

資料6

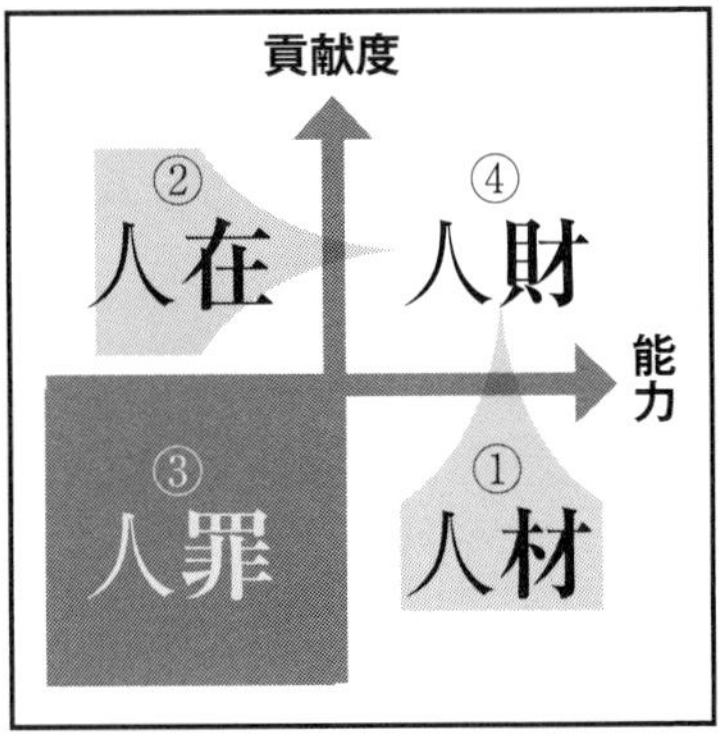

さて、このような四象限（資料2〜6）を踏まえ、民間企業の立場から考察すると、どのようなことが言えるでしょうか。

一般的に、民間企業の場合には、（たいへん厳しい話ですが）③に該当する社員は、その企業から退いていただくことになります。その一方で、①と②を④の域に高めるために、さまざまな方策を講じます。それが人事課の果たすべきミッションです。

学校の場合はどうでしょう。「人材」や「人在」を「人財」にしていくべきであるという点では、学校組織においても民間企業と同様です。問題は、いったい誰がそれをやるかということです。

学校には人事課がありません。それどころか、最高責任者であるはずの校長でさえ人事権をもっていません。ですから、どれだけ指導力に問題がある教師がいたとしても、民間企業のように「退いていただく」わけにはいかないのです。

このことは、わが校にどのような「人が」いるという情報を、「誰が」「どうやって」集め得るかという課題と背中合わせです。もっと言えば、誰が「見極めるか」ということでしょうか。

判断材料の一つには「子ども」の声があげられます。学級担任がどういう「人」なのかを一番よく知っているのは子どもたちだからです。もし、その学級担任が「人罪」であれば、子どもを経由して保護者に伝わり、クレームという形で学校に情報が逆輸入されます。ほかにも、ＰＴＡから入ってくる場合も多いでしょう。保護者会などにトラブルがもちこまれる場合もあります。

こうした情報を（この場合はクレームですが）学校のいったい誰が受けるのか。その最初の窓口になり得るのは、学年主任か、学年主任と接点の多い教務主任という可能性が高いと言えるでしょう。

また、これとは別に、もう一つ情報がもたらされる経路があります。それは、分掌上チームを組むことが多い同僚からの苦情です。俗に言うぼやきです。

「うちの学年はなかなかうまく回っていかない。その理由は、○○先生のわがままに引きずられてしまうから…」

　こうしたぼやき（苦情や悩み）です。このぼやきの窓口になるのも、教務主任です。すなわち、組織編制や分掌を決めるのは校長ですが、組織の歪みや個々の教師の問題点にかかわる情報の多くは、教務主任を窓口にして管理職へともたらされるのです（資料7）。

資料7　情報フロー

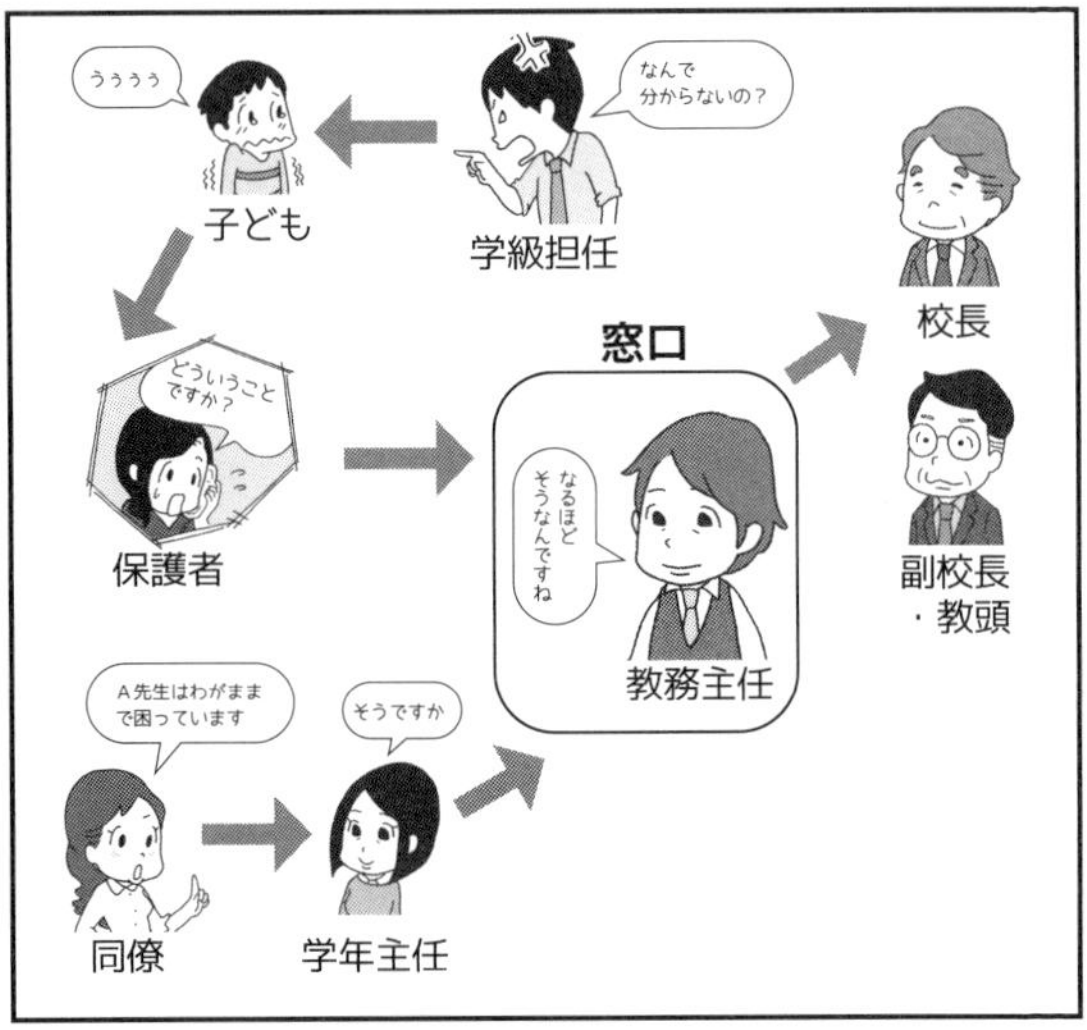

2　教師を巻き込む台風の目

こうした人的情報の流れを踏まえ、「人材」や「人在」をいかに「人財」に押し上げていくかが戦略であり、そのための戦術が**「研究・研修」**です。

資料8　授業研究タイフーン

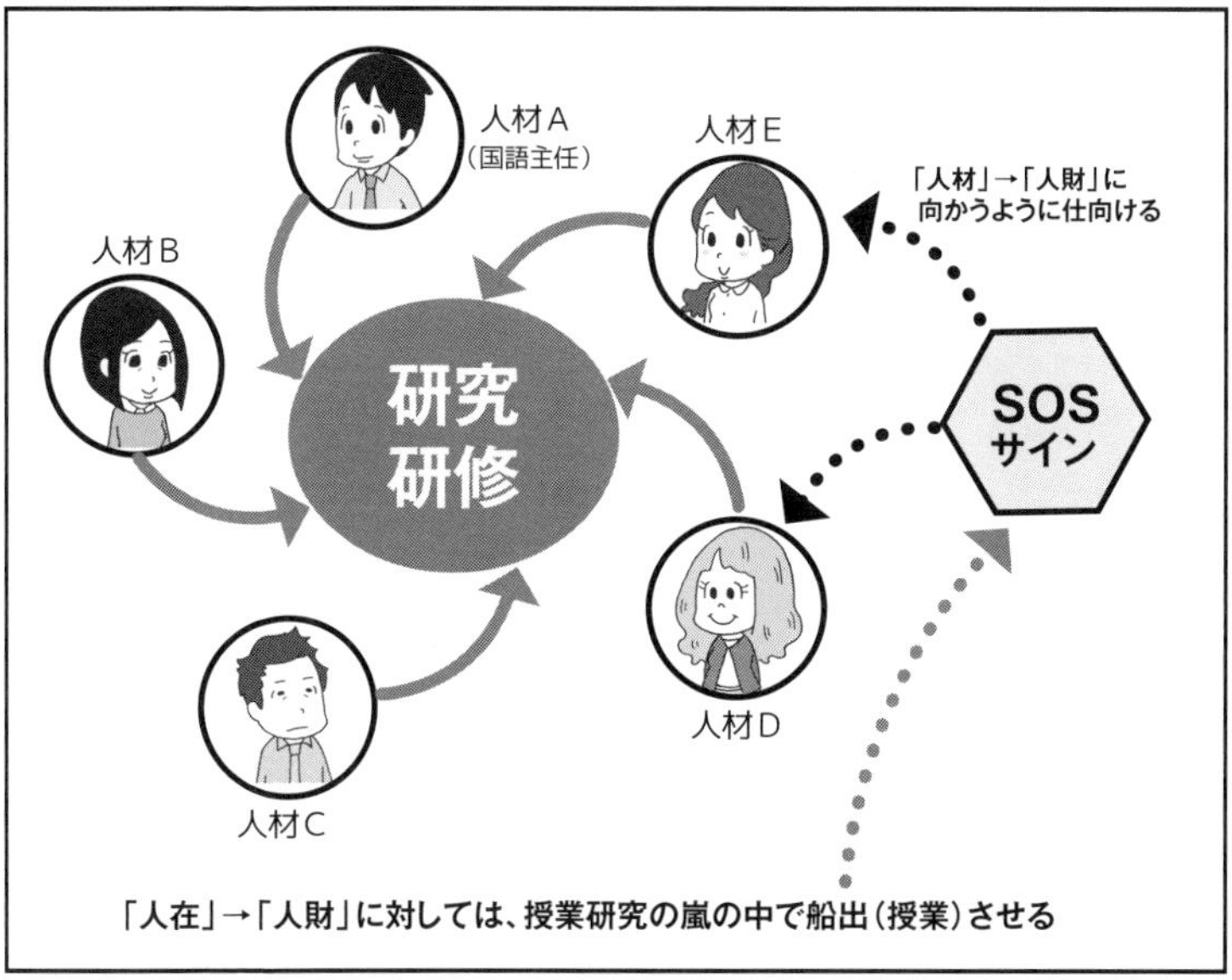

資料8をご覧ください。「研究・研修」を台風の目に見立てると、「人材」である教師集団を中心に向かう渦に巻き込んでいくという、そんなイメージです。こうした機運をつくる最も重要なポジションにいるのが、実は教務主任なのです。

もし、この台風の目に巻き込んでいく過程で、その渦にうまく入っていけない能力の低い教師は、やがてSOSサインを出します。

このSOSサインには特徴があります。

たとえば、人材Aが国語主任

だったとします。すると、国語について、人材B～Eの先生方は人材Aの国語主任にアドバイスや指導を求めることになります。このとき人材Aが、それらの相談を受けられる力量をもっていなければ、授業研究のブレーキとなります。そのため、双方に「しっかり勉強しなければならない」という意識が芽生えてきます。

それをきっかけとして、まず人材Aの力量があがってくれば、おのずと周囲の先生方との関係もよくなってくるし、それに触発されて、人材B～Eの先生方もお互いに勉強をはじめます。このような相互作用が生まれてくるわけです。

つまり、**研究・研修を台風の目にしながら、教師を巻き込んでいくことで、能力が未開発の教師にとっては「向上心」という刺激が入り、自ら研究の舞台に足を踏み入れることになる**のです。

もうひとつ考えなければいけないのは、「人在」に位置付く教師たちです。実は、この教師たちは、(残念ながら) 主任層であることが少なくありません。しかも、学年主任を兼任していることが多く、職業人としてのプライドをもっています。

学年経営、学級経営であれば、人並み以上の実力をもっているというプライド意識です。本当はそんな実力などないのですが、「自分はもっている」と思い込んでいるわけです。

プライドはあるけど、実力はおぼつかないので、新しいチャレンジに対しては、「失敗したくない」とばかりに、何かと理由をつけて責任を回避しようとします。「先生には協力します」とは言うものの、「しかし、私の専門外なので、どれだけお役に立てるか…」とつけ加えて、結局は尻込みして何もしようとはしません。

このような教師は、自分が得意だと思っている分野のポジションに置かないと本気を出しません。**「人在」を「人財」にもっていくためには、「自分から」とか「自分が」という積極的な主体性をもてるように仕向けていく**必要があります。

そこで、「専門外だから難しい」という逃げ口上を言い出す前に手を打つ必要があります。たとえば小学校であれば、研究の柱を「教育課程の研究」ということにしておいて、「小学校ではどの教科も領域も大事にしなければいけないですよね」という切り口で同意を求めます。すると、あらゆる専門を包含する教育論になりますから、教師であれば否定はできません。その上で、「そのために、この学校でまず何が必要でしょう?」「次の段階では、何をしたらよいでしょう」と促します。

すなわち、「研究の方向を長期的・包括的に考えていく」という場面を一度つくり、研究のある部門においてはその教師が中心となるようなポジションをつくって研究に参画させ、研究という台風の渦に巻き込んでいくのです。

しかし、そこまでやっても、（形は整いますが）この段階では、まだ彼らの本腰は入っていません。そこで、「人在」の教師に対しては、さらに次のように促し議論をつくっていきます。

「若手の先生の力をつけるためには教育課程の中で何が一番必要でしょう」

「特に、若手の先生からSOSサインが出てくるものは何でしょう」

という案配です。このような促し方だと、プライドそのものはありますから、「人在」の教師も研究の土俵に乗ってきます。

若手教師の場合、国語科や算数科ではなく、社会科、理科、道徳あたりがSOSサインの出やすい教科です。そこで、管理職と連携を図りながら社会科主任、理科主任、道徳主任を分掌する形で巻き込んでいくとよいでしょう。

このように、**「人材」層や「人在」層を巻き込むための「研究・研修」をまずイメージし、研究活動を通して学校組織を活性化していく**という戦術です。

3　研究の全体像は教務主任がつくる

研究の全体像をつくるというと、それは研究主任だと考える方は多いと思います。しかし、私は教務主任のミッションだと考えています。**研究内容・研修内容に直接**

コミットするのが研究主任、研究がよい形で進んでいくために全体像を思い描き「人材」と「人在」をコーディネートするのが教務主任。この役割分担と連携こそ、単に研究・研修の推進というだけでなく、研究を通して「人財」が増え、学校の教育活動が活性化していく鍵となります。

このとき、どのような人材に研究主任を担ってもらうのかがとても重要になってきます。人財育成という観点から鑑みたとき、ただ本人の研究能力が高ければよいということにはならないからです。

もし、学校の中ですでに「人財」となっている教師に担ってもらえれば、教務主任は楽できるかもしれません。しかし、「人財」には、いい意味で伸びしろがないので、新しいチャレンジには向かっていきにくいのです。そつのない研究・研修は、裏を返すと新しい発見の少ない研究・研修でもあります。せっかく若手教師を台風の渦に巻き込んでも、成長があまり期待できなくなります。

また、「人在」層も難しいでしょう。学校組織への一定の貢献度はあるものの、そもそも能力が低いわけですから、「人財」への職能成長どころか、それ以前に研究・研修そのものが立ちゆかなくなります。

一番よいのは、今のところ学校組織への貢献度は低いのだけれど、一定の高い能力をもった将来の伸びしろ（可能性）のある「人材」層の教師を研究主任に据えることです。つまり、若手に研究主任を担ってもらい、不慣れな点を教務主任が助けるというスタイルです。

このようなスタイルだと、研究・研修の推進そのものが、研究主任の育成のみならず、若手教師の職能成長を同時並行で促すことにつながります。この効果は図りしれません。二兎を追うことにはなりますが、私の経験上、成功率の高い方法です。

このような「人材」層を研究・研修の中心付近に巻き込んでいき、それをフォローアップする形で研究を運んでいきます。そうすることで、**研究・研修は、研究主任ではなく、教務主任が率先垂範して、人財育成の舞台として演出する**ということが可能になります。これこそ、これからの学校において期待される教務主任のミッションです。

ずいぶん昔の作品ですが『木を植えた男』という短編小説があります。フランスの作家ジャン・ジオノの作品で、アニメーションにもなったことがあります。この作品のエピソードになぞらえていうと、主人公の「私」が荒野に木を植えていくように、学校という場所に教務主任が研究・研修という舞台を用意して種を蒔きます。いつしか芽が出て木になり、やがて森になっていくように、若手が育ち「人財」になっていくというイメージです。

このイメージには、若手教師が立派な1本の木として成長する側面と、これまでどちらかというと独立独歩で生きてきた教師を中心の木のひとつとして据えていくという2つの側面があります。

教務主任観こそが大切

1 「観」をもつ

どのような立場でも同様だと思いますが、有用な仕事をつくっていくためには「観」をもっている必要があります。教務主任であれば教務主任観です。幸いなことに、私の場合は教務主任になる前から、自分なりの観をもてる機会に恵まれました。それには2つの大きな出会いがありました。

ひとつは、「**教務主任の仕事はチームでつくる**」という「観」です。

本書の冒頭の四象限で言えば、1校目は「人財」が不足した学校でした。能力は期待できるけれども、学校にあまり貢献していない人材層（私がこの層でした）と、それとは逆に、能力はあまりないけれども、「私が学校を背負っている」という自負の強い人在層に二分されていました。

当時の私は、自分が思うようにいかない不満感と、自負ばかり強い人在層に対する不信感を抱えていました。いわば、ぼやく側の教師だったのです。そのような中、当時の教務主任から次のように言われたことがあります。

「きみがいずれミドルリーダーになるまでの間に、自分の信頼できる先輩や同僚を最低2人、つくっておかなければならない。そうでないと、きみのような教師はきっと組織の中で駄目になってしまうよ」

自分のやりたいことは、自分の中で試行錯誤しているうちはうまくいきません。自分と人の中で試行錯誤していかないと実現できないのです。きっとその教務主任は私の性分も理解した上でアドバイスしてくれたのでしょう。

「3本の矢」ではないですが、自分と志を同じくする仲間をつくること、そして、個の才覚によってではなく、チームで仕事をつくっていくことの大切さを教えようとしてくれていたのだと思います。

「2・6・2の法則」という考え方があります。自分で率先して仕事をつくっていける2割、周囲の足を引っぱる2割、残りの6割が普通の人。組織における能力構成を表した考え方です。これを学校組織になぞらえると、学校の仕事はおよそ2割の層がつくり、残りの8割の層に伝達して動かしていくといったところでしょうか。

さらに、学校の場合には、元気な若手に多くの仕事が割り振られます。すると、がんばっているだけでは、十分に仕事が回っていかなくなります。次第に「もっと合理的に仕事をしたい」と考えるようになります。しかし、仕事を合理化するということは、これまでとは違った仕事の仕方に変えるということを意味します。

とかく学校は変化を嫌います。当然のことながら、ひとりで学校組織を動かすことはできません。つまり、**「自分と志を同じくする人間が3人はいないと物事は絶対に変えられない」**のです。このような意味で、教務主任は組織づくりの内側の要《かなめ》。野球に喩えれば、監督やコーチではなく、チームリーダーのような存在だと考えるようになったのです。

2　自分目線で「あれ？　これはおかしいんじゃないかな？」と思ったことはすべてメモに残しておく

ふたつめは、**「教務主任として実現したいことは、日々のぼやきの蓄積によって生まれる」**という「観」です。

教務主任になる前の私は、ぼやいてばかりいました。「この学校では、〇〇〇〇が足りない」「どうしてもっと本気にならないのか」などなど。そんな折、次のようにアドバイスをしてくれた教務主任がいます。

「いずれきみは教務主任になるのだから、どうやったら自分の不満を解決できるか、『自分が教務主任だったら』と仮定してメモしておきなさい。その積み重ねが、いつか現実を変えるための引き出しになるから」

よく学校改善と言われます。学校を改善するためには「何を」改善するのかが明確である必要があります。その「何を」は「課題」です。逆に言えば、課題の不明確な改善などありません。課題が見えているから、改善に着手できるのです。

ですから、「教師のぼやきは改善に必要な課題。だから、とにかくまず書き出しておくこと。さらに、その課題を解決するために学校のどこを変えたらいいかをうすうす考えておく。いよいよ教務主任になったら、思うぞんぶん試していけるから、いまはしっかり温めておきなさい」というアドバイスでした。

学校の仕事のすべてとは言いませんが、少なくとも研究・研修と学年・学級経営に関しては、「おかしい」と自分が思ったことはすべてメモしていきました。そして、「自分が教務主任になったら、このようなアプローチで変えていこう」というイメージをつくっていったのです。

「観」は自分なりにつくる

1　よそから「観」をもってきても、うまくいかない

これまで述べてきた教務主任観は、あくまでも私の考える「観」です。「これこそが教務主任である」というステレオタイプを嫌ったからでもありますが、よその「観」を無自覚・無原則に自分に当てはめてしまった瞬間に、「自分から教務の仕事をつくっていく」というアプローチがなくなってしまうことを怖れたのです。

必要なことは、これから教務主任になろうとする人も、いま教務主任をやって悩んでいる人も、自分なりの教務主任観をつくり、それに基づいて仕事をつくっていくことです。この「自分なり」が大切なのです。よそからもってきた教務主任観であるかぎり、どこか空々しく、本当の意味では周囲の先生方の心に響きません。

本書を執筆するに当たり、世に出ている教務主任本を何冊か読みましたが、「これは現実的ではないな」と感じました。書かれていることをすべてやろうとしたら、「これもできていない」「あれもできそうにない」「そもそもどこから手をつけていいかわからない」と自分の頭の中で悩むばかりで、教務主任になった瞬間に頭を抱

え込むことになるのではないかと思ったのです。

私の印象ですが、そうした本は、その道の専門家の考えるベストの寄せ集めです。そして、それらベストをすべて行うなど、誰にもできないのです。「よそから『観』をもってきてもうまくいかない」とはそういう意味です。

正直なところ、**何もかもベストであろうとすると、結局はあれやこれやに振り回されて、自分で仕事をつくれず、時間の経過とともに、前例踏襲、事なかれ主義の表面的な教務主任となってしまう**でしょう。

2 「観」は周囲の先生方の考え方とのギャップを推し量る物差し

それでは、自分なりの教務主任観ありきで仕事に着手するとして、先生方に誰もやったことがないような新しい提案をしたとします。彼らはどのような反応を示すのでしょうか。

「そんなやり方はしたことがない」

「今までどおりで何が悪い」

「変えたからと言ってよくなるとは限らない」

などなど、各所から具体的な苦情が飛んできます。

このような苦情が噴出するのは、一見すると悪いことのように見えます。しかし、この場合には当てはまりません。

自分なりの教務主任観ありきであれば、「自分がこう言ったら、先生方からどういうリアクションがあるかな？」と試している側面があり、苦情は想定内です。頭の中で「ああでもない」「こうでもない」と思い悩んでいるだけではわからない具体と切実さがそこにはあります。

すなわち、自分なりの教務主任観とは、目指すべき規範であるだけでなく、先生方の考え方とのギャップを推し量る物差しなのです。

すると、「こちらも目を配っておいたほうがいいな」とか、「自分が核にしているテーマを整理していくと、自分にないものがここにあるな」ということがわかってきます。すなわち、苦情をもとに対応策を練っていけばよいのです。

そして、「自分の考える方向をちょっと変えればうまくいきそうだ」と発想することで懐を広くすることができます。さらに経験を積んでいけば、いずれ周囲の先生方の意見を上手にさばけるようになっていきます。

このように**「足りないと思われている課題に、自分のエッセンスをちょい足しする」「自分が考えている土俵に近いものであれば、マイナーチェンジを加える」**こうした行為を柔軟性のある対応といいます。

教務主任観は、相当意識的につくっていく必要があるでしょう。組織を考える際に、民間企業なども含めた一般の社会通念で、ものを見るという目が判断基準になります。

＊

そもそも学校組織には人事という機能がないので、もし正解か不正解か、自分なりの判断基準がなければ、「前に問題がなかったことであれば、今後も問題ないだろう」とばかりに思考停止します。やがて前例踏襲となった仕事は、教務主任に何らの充実感ももたらしてはくれません。

学校は、「コストパフォーマンス」よりも「がんばり」が認められる社会

1　時間と成果に対する学校文化の特殊性

「組織で人が動き、人が育つ」この格言は、前述した学校組織論とは別に、学校文化論の側面をもっています。というのは、「何をもってよしとするか」というとき

資料9　社会の目と教師の目

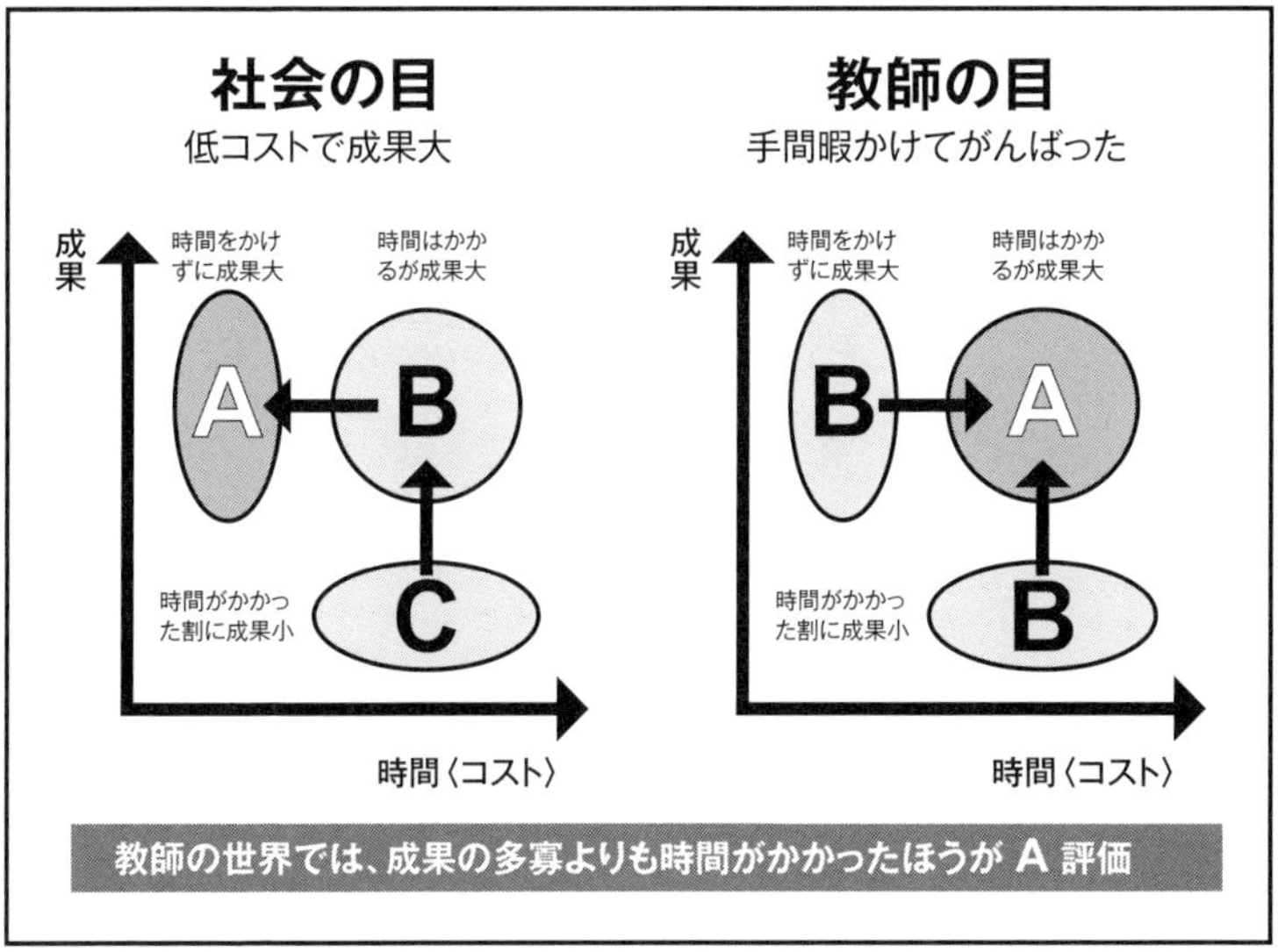

に、学校社会は一般社会と感じ方が決定的に異なるからです。

たとえば、縦軸に「成果」、横軸に「時間（コスト）」を置いたとき、どのような位相にあることをよしとするのか、一般社会と学校社会とを比較すると端的にその違いを表すことができます（資料9）。

一般社会では、できるだけ時間をかけずに成果があがったほうが評価が高まります（A評価）。一方、時間をかけた結果、成果があがるのは、誰だってできますからB評価。これらに対し、ずいぶん時間をかけたけれど成果が思うようにあがらなければ、相対的に一番評価の低いC評価となります。

すなわち、一般社会では、**資料9**「社会の目」のAが最も評価が高く、B、Cとなるにつれて評価が低くなるわけです。

一方、学校社会ではどうでしょう。どういうわけか、「教師の目」となると、一般社会でA評価だった位相がB評価、B評価だった位相がA評価と逆転してしまうのです。それどころか、C評価だった位相がB評価に格上げされ、同率2位（共にB評価）となります。

つまり、学校社会では、成果が上がらなくてもがんばった人に対しては、みんな拍手を送る（B評価）。一方、時間をかけずに成果があがったら、もともと能力が高い教師がたまたま集まっていたからで、むしろできて当たり前という受け止め（B評価）となります。一番評価が高いのは、みんな時間もかけたし、成果も上がったときです（A評価）。

ここでちょっと立ち止まって考えてみたいと思います。

この図でいうところの「時間」とは、いわば「コスト」と同義です。「成果」とは「パフォーマンス」に置き換えて考えることができます。

すると、コストパフォーマンスという観点で考えれば、コストが低く、パフォーマンスが高いほど成果が挙がったということになります。すなわち、「社会の目」におけるA評価の位相が最もよいということになります。

逆に、コストはかけるけれども、成果がちっともあがらないという位相はコストパフォーマンスが低いわけですから、何かしら改善しなければならないということになります。しかし、学校のお疲れさま会では、「うまくいかないこともあったけど、よくがんばったね」と拍手されます。すなわち、**学校というところは、「コストパフォーマンスよりも、がんばりのほうが評価される社会」**だということなのです。

果たして、本当にこのような評価でよいのでしょうか?

この学校文化を是としてしまうと、成果にかかわらず、夜遅くまで仕事をしている教師が評価されることになります。夜遅くまで仕事をしても、成果があがらなかったら、その教師はどうするでしょう。少なくとも、「効率的に仕事ができるように精査しよう」「工夫・改善しよう」とは思わないでしょう。むしろ「もっともっと時間をかけなければ！」という発想になりやすく、やがて「時間が足りない、足りない」が口癖になります。

近年、学校にもちこまれる教育課題は質的に多岐にわたり、量的に増加しています。こうした状況下においては、教師の仕事は多忙化の一途を辿ります。要するに、学校の時間感覚がどんどん狂ってきているのです。

このような教師の多忙化は、きわめて深刻な問題となっています。近年の休職者の増加傾向とも無縁ではありません。そこで、時間に見合う成果を上げられたかという費用対効果、すなわちコストパフォーマンスの手法を、学校は学ばねばならないように思うのです。

2 「みんなで一緒に」の非効率性

学校では、何か課題が生まれると、「それでは、みんなで一緒にやりましょう」という発想になります。学校文化のよき面である一方、「時間（コスト）」という観点から考えると、みんなで一緒にやるぐらいコストがかかることはありません。

一例をあげましょう。

私が教務主任になる前まで、夏休みになると日を決めて教職員みんなで職員室の片付けをしたり、体育小屋の掃除をしたり、遊具にペンキを塗ったりしていました。確かに学校文化としては、和気藹々としていて悪くはないのですが、効率の面で言えば、これほど非効率なことはありません。なぜなら、夏休みを待つ必要など別にないわけですから。

たとえば、職員室の自分の机は、日々自分で整頓しておけばいいし、共有部分はローテーションで片づければいい。体育小屋であれば普段使っている教師が、日々用具をきちんと戻しておけばそんな必要はないし、体育主任が、日ごろからちゃんと経営していれば整頓されているはずです。そもそも、みんなで手分けして作業する必要などないのです。

意地の悪い言い方に聞こえるかもしれませんが、わざわざ夏休みに、しかもみんなで手分けする時間をつくることで、日々自分がやるべき仕事への手が抜けるという側面もあるのです。ここが、「みんなで一緒にやる」ことの裏側に潜む実態であり、不合理で非効率な無駄を生み出す温床となります。

だから、私は教務主任になってすぐに提案しました。「夏休みの片づけ作業はやめましょう。それぞれの担当者が責任をもって日常的に行うようにすればよいのですから」

ほかにも、次のような改善に着手しました。

体育の授業のたびに石灰でラインを引くことをやめてもらいました。その代わり、体育主任にお願いをして、校庭にコート用のラインをロープで張り、危なくないように鋲で留めました。

石灰は目に入ると危険ですし、あらかじめコートをつくっておけば、ボール運動の授業でラインを引き直す必要がなく、授業時間をとられることもなくなります。

ほかにも、理振設備台帳の整理について工夫を凝らしました。この台帳は整理しない限り新しい備品が来ません。この整理は、たいへんな作業となり、片手間ではできません。もし整理する時間がとれなければ備品も補充されません。

そこで、専門性の高い理科の先生方に担当を割り振り、まとめて整理してもらうようにしました。すると、専門分野ですから短時間で済みます。すなわち、少ないコスト（時間）で、成果がものすごく上がるわけです。

さらに、理科実験室や研究室の薬物などについては、2学期に向けてすぐに使用可能なように時期を決めて安全点検を行ってもらうようにしました。これには2つの意味があります。薬品の使い勝手をよくしておくことと、安全性をしっかり確保することの2つです。

こうしたことは、担当する教師を決めて実行してもらったほうが、「みんなでやる」よりも効率的で、かつ安全面の向上にもつながるのです。

このように、学校全体を「社会の目」（効率的思考）で見渡し、無理・無駄を省いていくことができます。このような効率は、教師を拘束するものではありません。むしろ教師の多忙化を軽減できるメリットを生み出すことができるのです。

無理・無駄を省くための働きかけは、本来管理職の仕事と思われがちですが、教師のぼやき（本音）を聞けるのは教務主任です。そうである以上、教務主任が先生方の仕事をコーディネートするほうがうまくいきます。管理職は、非効率を解消するための後ろ盾なり旗頭だと考えるとよいでしょう。

新たな工夫・改善は、提案の矛先を変える

もし「効率よりもがんばり」「いつもみんなで一緒に」という学校文化から抜け出せずに、教師が多忙になっているのだとしたら、どのような働きかけをすればよいでしょうか。たとえば、体育倉庫の片づけであるとしたら、

「みんなでやるのは非効率。いまのままでは多忙化の問題は解決しません。担当者を決めて効率化を図りましょう」などと言えばよいでしょうか？

答えはノーです。その主張がどれだけ正しくても、学校に根づいた慣習を理屈で、変えさせることはできません。その慣習にどっぷり浸かってきた教師たちにとって

は、自分たちがしてきたことを否定されたと受けとめるでしょう。たいてい猛反発を受けます。

それではどうすればよいでしょう。実は、それほど難しい話ではありません。ちょっと提案の矛先を変えてやるだけです。理屈などつける必要はありません。

たとえば、教務主任には、ほかの教師よりもちょっとした空き時間があります。職員室の片づけであれば、まずは自分の空き時間を使って済ませてしまいます。そのうえで、次のように提案して意見を出してもらいます。

「これまで職員室の片づけは、夏休みに時間をとって全員で行ってきましたが、私の空き時間でできそうなので、どうもその必要はなさそうです。ほかの先生方にもいろいろと聞いてみたところ、『ちょっと困っていることがあるのですが、時間がなくてなかなかできないことがある』という話がありました。いくつか私から提案したいのですが、ほかにも同じようなことはありませんか？」

すると、音楽関係の先生からは、「実は、楽器の修繕を全部やらなければいけないのですが…』などと、いろいろと意見が出てきます。それらの意見を整理する形で、次のように提案します。

「なるほど。これだけのことをやらないといけないのだとしたら、２学期に部会で計画的にやったほうがいいか、それとも夏休みの間にやったほうがいいか、それとも担当者を決めて個別にやったほうがいいか、しっかり考えたほうがよさそうですね。では、まず学校全体の目で見て、自分のしてほしいことについて優先順位をつけてください」

そして、優先度の高いものから「先生方の意見はこうですけど…」と個別に提案していくのです。すなわち、全体に対して理屈で同意を求めるのではなく、**総論としては賛同しやすいようにもちかけ、具体については個別に提案して仕事の仕方を変えさせていく**のです。

このような手法により、学校の非効率な無駄をすべて変えていきました。そして、それが根づいたあたりに「実は…」と切り出して、理屈の部分、すなわちコストパフォーマンスの話をして理解を浸透させていったのです。次の段階は、「学校行事で、同じようなことがありませんか？」と角度を変えていきました。

学校行事についても、「あれもこれも全員参加」「どの部も相手の部がやりたいからやる」といった非効率な無駄がたくさん生き残っていました。そこで、その一つ一つに対し「どういう成果を期待しているのでしょうか？」と尋ねて問題点を洗い出していきます。すなわち、「成果が不明瞭なもの」「同じようなことが並んでいるもの」を整理していくのです。

まずは職員室の片づけといった**身近な課題からはじめて、「なるほど、そうやるとこんなに楽になるのか」ということを実感してもらい、コストパフォーマンスの考え方を浸透させていくことで、次第に「本当はやらなくてもよいこと」「個別にやったほうが効果が高いのに、みんなでやっていたこと」をなくしていくことができるようになります。**

実は、当時の私が本当にやりたかったことは、年間行事予定表を変えることでした。これが私の改善の本丸です。年間の授業時数を確保するため、たとえば週時程に入り込んでいる無駄が授業時間を圧迫していないかを見定め、それを変えることだったのです。

たとえば、体力向上の名の下に、一方で「とにかくその時期になったら持久走をやりましょう」「なわとびをやりましょう」ということがあります。他方、同じ時期に「読書活動の時間を増やしましょう」とやっているわけです。

こうしたことを闇雲に盛り込もうとすれば、ただの詰め込みです。時間がいくらあっても足りません。そうならないために、いったい誰がどのように調整するのかという話です。

このとき、コストパフォーマンスの意識が先生方の中で根づいていれば、年間を見通したときに「この時期に一番優先すべきことは何だろう」という目利きができるようになるのです。無駄を省くことができれば（時間コストを引き下げれば）、先生方も「これって、けっこう楽かも」と気づきはじめるし、それと連動して無理が生じている（毎日夜遅くまで仕事をしないと回らない）ところが少しずつ緩和されていきます。

無理が生じているところが、本当に無理なことなのかという議論は、何が必要で何が不必要かという議論と結びつきます。ですから、とにかくはじめに無駄を省く。そこから出発するのです。

学校社会における成果指標

「何をもって成果とするのか」といったときに、民間企業では数字が指標となります。売上がどれだけ伸びたのか、コストをどれだけ削減できたのか、すなわち定量的な評価によって測定するわけです。

学校の場合はどうでしょう？　言うまでもなく、民間企業のように成果を数値化することはできません。では、学校においては、どのような指標で成果を測定すればよいのでしょうか？

私は、授業をおいてほかにないと思います。

よく**「授業が命」と言いますが、全力で授業に向かうことができたか、それに一歩でも近づくことができたか、それが学校の最大の成果指標**なのであり、授業の主役は子どもですから、子どもとかかわるゆとりがもてることが成果なのです。

教師が多忙になるあまり、子どもと触れ合う時間がもてない、満足に授業の準備ができないのであれば本末転倒です。これは、現在の教育界における最大の問題だと思います。こうしたことが教師の不満を募らせます。成果を上げられないからです。この点に、教務主任はメスを入れていく必要があるのです。

学校の教育活動は、授業だけではありません。学校行事であったり、清掃活動、係活動、委員会活動など多岐にわたります。当然のことながら、いずれの活動も大切ですが、成果を求めるあまり授業がなおざりになってはいけないということです。

教師の本分は授業。一番力を入れなければならないところです。授業以外に力をかけすぎてしまえば、やらなければならないことが肥大化していって、本分であるはずの授業を圧迫していきます。しかし、そのような主客転倒に気づきにくいというのが、前述のコスト度外視でがんばりが認められる学校文化でもあります。

学校の教育活動において、もっとも時間・コストをかけるべきは、授業づくりであり、一人一人の子どもに寄り添うことです。もし、この点にかける時間・コストが不足しているならば、ほかのところで時間・コストが使われてしまっているということです。

時間も有限なら、教師個人のマンパワーも有限です。がんばれば何とかなるというものではありません。「学校は授業が命、子どもとのかかわりが第一、なぜならそれが学校の成果指標なのだから」という文化を再編成していくべきです。

そのためには、研究を核に据え、研究を通してそうした学校本来の文化を醸成していかなければなりません。「5年生なのに、こんな発言ができるようになったのか」「子どもって、こんなにすごく成長するんだ」と先生方自身が実感できれば、おのずと芽生えることでしょう。

教務主任の3つのタイプ

教務主任は、「何をもって教務の仕事とするか」というとらえによって、およそ

3つのタイプに分けられると思います。

まず1つ目は、「私は教務主任なのだから、何でもやらなければ！」というとらえで仕事をするタイプA。

2つ目は、「私は教務主任として、やるべきことは何か？」を明らかにして仕事をするタイプB。

そして、3つ目は、「教務主任だからこそ、自分にやれることは何か？」と問いながら仕事をつくり出していくタイプC。

1　タイプA

タイプAの教務主任は、自分の立ち位置を、校長、副校長・教頭に次ぐ、いわば学校組織のナンバー3のようにとらえています。一般の教職員は横並びで、いきなり副校長・教頭ではなく、その間に位置する教務主任が窓口になるというイメージをもっています。そのため、「教頭の前に、まずは何でも私が…」というスタンスになるので、間口は広いと言えます。

このタイプは、文字どおり「何でも屋」です。その仕事が「教務」であるか否かは、実はあまり意識していません。そのため、当然のことながら、教務ではない校務についても抱え込んでしまう傾向があります。

2　タイプB

タイプBは、まず「本来的に教務主任が担うべき仕事とは何か」を明らかにしようとします。

資料10　教務主任の３つのタイプ

TYPE A
私は教務主任なのだから…
なんでもやらなければ!
TYPE B
私が教務主任として…
やるべきことは何か?
TYPE C
教務主任だからこそ…
私がやれることは何か?

そして、「自分の担うべき教務は何か」という着眼点をもち、責任をもって仕事に当たるので、忠実な仕事ぶりを期待することができます。タイプAとは異なり、何でも抱え込んだりすることは少ないと言えるでしょう。この点については、非常によいことだと思います。

しかし、その一方で、ややもすると「仕事をこなす」という仕事ぶりになることもあります。器用にできればよいといった自己評価になることもあります。もちろん上手に仕事をさばくことができれば、上司である副校長・教頭にとってはやりやすい教務主任だと言えるでしょう。

3　タイプC

タイプCは、まず学校という組織体を一つのチームととらえ、子どもに直接かかわって指導する先生方をプレーヤー、自分はそのまとめ役（チーム・リーダー）だというスタンスで臨みます。

そして、チームのオーナーである校長の経営方針を十分に咀嚼し、それを先生方に浸透させ、「目指すべきゴールに向かって、一枚岩で子どもの教育に当たっていくぞ！」というチームの結束力を高めていきます。

その際、「チーム力（学校の教育力）を高めるにはどうすればいいか」「チーム・リーダーという立場だからこそ、自分がやれることは何か」と知恵を絞り、チーム力アップに欠かせない教務主任ならではの仕事を見いだします。

このチーム・プレーによる学校課題の解決を目指し、その火付け役であり、調整役となるのが、タイプCの教務主任です。

実は、その**実務を共に創り上げる過程こそが仕事にかかわった先生方、一人一人の力量を高め、連携プレーによる突破力を養う指導のチャンス**なのです。このタイプの教務主任の下でこそ、「人材」や「人在」が、「人財」へと成長していくのではないかと思います。

＊

どのようなタイプであるにせよ、教務主任の大きな役割の一つは、法令に定めるように、「指導、助言に当たる」ことです。つまり、校務のうち「教える」部分に関しての主任だということです。

「教える」枠組みのフレームワークは、教育課程です。これには2つの側面があります。

具体的には、**教育課程をつくっていく側面が「編成」、つくりあげた教育課程が実際にどう行われているかを知り改善を図っていく側面が「管理」であり、その全体を見渡すのが教務主任**だと言って差し支えないでしょう。

教務主任として目指す方向

自分が教務主任になったとき、まず最初にどのタイプから入っていくべきか。一般的には、最初にタイプBから入っていくとよいでしょう。次の段階が、タイプCです。「教務主任だからこそ」というとらえで仕事をつくっていく段階です。

最初から、タイプCはむずかしいでしょう。力量が伴わずに自分がパンクするか、周囲との関係においてトラブルを生じます。

そこで、「教務主任としてやるべきことは何なのか」を整理して、仕事を仕分けておきます。その中から重点化していくべき仕事を進める中で「それならば、私がやれることとは何なのか」を明確にして、改善志向でビルドアップしていきます。

このようなプロセスが自分の中で定型化され、その考え方が教職員に浸透していけば、学校組織は少しずつ活性化していきます。

よく「リーダーが変われば学校が変わる」などと言われますが、これは変化のみを語っているにすぎません。よいほうへ変わればよいですが、その逆もあり得るのです。

結局、学校の仕事は、教師と子ども、教師と教師、上司と部下といった、人と人との関係性によって形成されている以上、改善志向で人と人とをつなげていく仕事を創り出していかなければ、学校という職場は決してよくならないのです。

教務主任として、まずは（自分を含めて）教師のぼやきを大事にすることです。「これまで自分はどんなことをぼやいてきたのか」「ほかの先生方はどのようなときにぼやいているのか」

自分がいよいよ教務主任の立場になって、「何をどこからはじめようか」「何を変えようか」といったときに、これまでに集積してきたぼやきが効いてきます。

たとえば、適切な学校予算を組むのであれば、事前に現場（理科室、家庭科室、図工室、図書室など）に足を運び、それぞれの主任にヒアリングして、ぼやきを聞き取るわけです。

すると、「なるほど、確かにここのミシンはもう古いね」「この電ノコは子どもの数に対してちょっと…」ということがわかってきます。

みんなの意見を聞いた上で、「では、〇〇についてはこのような予算でどうですか？」と提案すれば説得力が生まれます。さらに、議論を進める中で無駄なことがあれば、「他の予算と一緒にくっつけてしまおう」といった柔軟な対応も可能になります。

広角仕事術のススメ

一口に教務主任としての職責を全うするといっても、その職能成長には段階があります。

①**自立期**：教務主任になったからには、「やるべきことはちゃんとやらなくては」と自立していく時期
②**改革期**：教務主任である以上「何とかしなきゃ」と試行錯誤しながら仕事をつくっていく時期
③**蓄積期**：これまでに培ってきたノウハウを生かして、学校全体の教育活動充実のために力を発揮するとともに、教頭や指導主事といった次のステージに移行していくためのノウハウを蓄積していく時期

教務主任としてのキャリアを積んでいけば、いずれは管理職を嘱望されるように

なります。そのための実力を蓄えていくのが蓄積期です。すなわち、次のステージを期待される人材という意識をもちながら仕事をしていく段階です。

教務主任としてやるべきこと、あるいは教務主任だからこそできることに加えて、直属の上司である教頭が、学校のトップである校長とどのような関係で仕事をしているのかについても着眼しながら、一歩引いたところで学校全体を見渡しながら仕事をしていくということです。

ですから、「教務主任になったのだから、何でもやらなきゃ」とばかりにタイプAのスタンスでいこうとすると、自分への無理と他者への無理が重なって、なかなかうまくいきません。

まずは、タイプBをめざして、少しずつ経験を積み、次第にタイプCの教務主任になっていくことが理想だと思います。**無理なく、職能を向上していくためには、単に経験を積むというだけでなく、タイプを切り替えていくための視野が必要となります。**

それを一言でいうと、「先を見て足元を耕す」というイメージをもつということであり、私はそれを広角仕事術と呼んでいます。

たとえば、教頭との関係で考えるなら、次のようなスタンスで臨みます。

「校長とは以心伝心であっても、所属職員からは『自分たちと管理職である教頭は違う』という目で見られる。ややもすると、教頭という職は学校の中で孤立してしまうかもしれない。だったら、教務主任である自分が教頭と一体となって職務を遂行していければ、学校組織が円滑になるし、さらに、将来自分が教頭になったときを先取りして、教頭の仕事も身につくはずだ。これはまさに『先を見て足元を耕す』ということなのではないだろうか」

このような意識をもつことで、教務の仕事への取り組み方も、それまでとは違った段階に自らを押し上げていけると思うのです。

先を見て足元を耕すためには、ライフステージを押さえる

教務主任としてのキャリアが蓄積期までくれば、「教務主任だからこそ」というスタンスをさらに超えて、今度は、教頭が本来行う仕事を手伝ったりすることも生まれてきます。

このとき、先走らないよう配慮が必要です。たとえよかれと思ってしたことでも、

教頭の仕事を黙ってやれば、教頭は怒ります。しかも、言葉では怒りません。腹の中で「生意気だ」と怒るわけです。

しかし、「将来のために私にもできることをやらせてもらえませんか？」「教頭先生、ご指導ください」と直球で頼み込めば、嫌とは言われないでしょう。むしろ好感をもってもらえます。広角仕事術で将来を先取りして仕事を身につけるチャンスをつかめるだけでなく、教頭との関係も良好になるので一石二鳥というものでしょう。

これは、自立期、改革期、蓄積期と、教務主任としてのライフステージを踏むことで可能になることです。逆にこの段階をしっかり踏まないと、教務主任としての本務が抜けます。すると、今度は、周囲の先生方から不平不満が出るようになります。「もっと私たちの仕事環境を何とかしてほしいのに、教頭先生の後ばかりくっついている」

どれだけ有能であっても、学年主任や教科指導主任といった主任クラスと一枚岩になれなければ、日常のちょっとした仕事さえうまくいきません。ましてその先生方から「何だ、あいつは。上ばかり見て」などと思われようものなら、どうにもならなくなります。

よかれと思ってがんばったことが、裏目に出ることはよくあることです。教務主任としては、**「先生方の声を反映させながら一緒に仕事をすることによって、お互いに仕事がやりやすくなる」という関係性こそが大切**なのです。

学校全体の教育力向上が教務主任の最終的なミッション

学校という場は、子どもの成長を願うところです。一人一人の子どもの成長を促すのは教師であり、その教師たちの背中を押すのが教務主任です。そして、その教師たちの背中を押すためには、彼らが前向きにやろうとしていること、願いや知恵、そのために流した汗、努力している姿を見抜いていく必要があります。

そのために、どこの学級でもいい、どの教師でもいいから、その実態をつかみ、実態に応じて彼らの教育力をビルドアップしていけるような教育的土壌を耕し、教育環境を充実させ、アドバイスし続けるのです。そうすれば、たとえ歩みは遅くとも、先生方の授業は確実によくなります。

そして、（ご存じのように）日本の教育課程は学齢主義にのっとっていますから、年齢が上がるにつれて子どもたちの学年も上がっていきます。つまり、教師たちの授業力が向上していけば、1年生の子どもたちが翌年に2年生になると、A先生は、1年生のときよりもよくなった子どもたちを受けもつことになります。そしてさらに、その1年で子どもたちをよくすることができれば、次の年に受けもったB先生は、さらによくなった子どもたちの教育に当たることができます。

このようなよきスパイラルが積み重なっていくことによって、子どもたちもまた確実に成長していきます。すなわち、**教師の指導力向上の幅がたとえ微増にすぎなくても、その効果は指数関数的に増加していき、最終的に教師と子どもの双方を合わせた学校全体の教育力のビルドアップにつながる**わけです。

読者の先生方には、ここで語った「教務主任だからこそ、やれること」にぜひチャレンジしていってほしいと思います。

もともと私だって駄目教師

これまで尊敬できる上司にも出会えましたし、ほかにも社会科を通じて幸運な出会いもあり、そうした様々なかかわりが私を成長させてくれました。しかし、私が自分自身にしっかりとした根をもつことができたのは、私自身が駄目教師からスタートできたからだと思います。

ずいぶん昔の話ですが、私たちの時代は、教員採用試験の成績順に配属が決まっていました。成績がよいほど県内の中心校に赴任します。私は困難校に赴任しましたから、どういうことか想像がつくだろうと思います。いわば、教師としてのスタートの時点で、穴埋め的に配属されたことが目に見えるようでした。しかし、そのような学校を経験したからこそ、逆に見えてくることが想像以上に多く、いずれも得難いものだったということです。

教職経験を積み、あるとき壁にぶち当たって、初任から現在までの足跡を辿ったとき、その目線を下ろせるだけの学校での経験があるか。これが、私の教師としての根だと気づきました。

そもそも、どれだけ優秀であったとしても、教務主任としての資質・能力すべてを兼ね備えている人などいないのです。

困難校を歴任しながら踏ん張ってきて教務主任になった人もいる。あるいは、研究校でもまれて、若いころから名が通るくらいに順調に教務主任になった人もいる。しかし、どちらにもそれぞれ異なる悩みがあります。

若いうちから期待されて、研究授業を積み重ねながら、中心校で生きていくのも大変だし、あまり期待はされていないけれども、子どもたちの問題行動も多く、それなのに周りに活気がない中で、「何とかやっていかなければ…」という大変さもある。どちらの経験も捨てがたいのです。

教師の世界には人事異動があります。昔は粒ぞろいの学校があったそうですが、現在は違います。いろいろな人たちがいる集団が学校だということです。だからこそ、逆に、自分がこれからどういう教務主任をめざすのか、幅広い目線をもって広角的にものを見られるようにする。そのためには、自分が歩んできた経験が、やはりものをいうのです。それは、すなわち、教務主任である前に、自分がまずどういう教師であったのかということなのです。

それともう一つ、**自分に足りない経験は、人の経験談で補う**ということです。自分の学校だけでなく、最低でも市内に目を向けて、たとえば困難校の情報を入手したり、情報源となる教師とかかわりをもち続けるのです。

私の場合は、社会科の研究会で副読本の編集に携わっていましたから、多くの学校の先生方と交流する機会を通じて、数多くの経験談を蓄積していきました。

第2章

よりよい人間関係と組織づくり

一人の才覚に委ねてはいけない

学校では次のようなケースがあります。

　校長として赴任したある中学校には、学校のことなら何でもよく知っている、どんな業務も上手にこなしていける、仕事も割り振れるという、いわば番頭さんのような教務主任がいた。それで、ついつい任せきりにしてしまったところ、その教務主任が病気になり休職してしまった途端に学校が回らなくなって、大変なことになった。

こうしたことは起こり得ることで、なぜ私たちは、個ではなく、一見非効率に思えてもチームを組んで遂行するのかの「なぜ」の端的な答えとなります。すなわち、**教務主任の個人としての能力も大切である一方で、個の才覚に頼りすぎても学校というところはうまくいかなくなる**ということです。

民間企業とは異なり、縦割り行政で、3年をひとつのベースに頻繁に異動があるからです。ですから、教務の仕事をこなしながら、それと同時にいずれその仕事を引き継いでいける人材を発掘し、育てていかなければならないのです。

ここで言うチームとは、校長が決める分掌上のチームとは異なるものです。分掌は違っても、同じ学校で共に仕事をしていれば、「A先生は学校の無駄を見抜く潜在能力をもっている」とか、「やる気をもっている」ということがわかるものです。こうした将来性のある教師を見定めておき、積極的に働きかけて自分のチームに引き込んでいくのです。要は、平素から相談できる、いざとなったら力を貸してもらえる仲間づくりと言い換えることができます。

このようなチーム（仲間集団）づくりは、教務主任になる前の段階で既にできあがっているのが理想です。そうすれば、教務主任になったその日から、実効性のある仕事のスタートを切ることができます。

仮に、生え抜きではなく、赴任先の学校で異動直後に教務主任を拝命した場合には、その学校にどのような人材がいるのかをリサーチすることから仕事をスタートさせます。そのために、まず「誰が前任の教務主任を支えていたのか」をいち早くつかみます。

私もかつて、ある小学校で赴任直後から、実質的には教務主任の役割を担ったことがあります。まさにその学校の事情がまったくわからない中でのいきなりの教務でしたから、「前任校と同じように」というわけにはいきません。

そこで、前任者を支えていた教師が誰かをつかみ、前年度はこうなっていましたという分掌を手掛かりにして、「これはどういうふうに理解すればよいのでしょう。わからないので教えてください」と聞きに行っていました。

真摯に尋ねれば、中核となっている先生はどんどん教えてくれます。逆に、このようなアプローチをしないまま、「おそらくこうだろう」と高をくくって事に当たると、たいていうまくいきません。まして、「前の学校ではこうでした」などと公言しようものなら、みなそっぽを向き、誰の助けも得られなくなってしまいます。

このような中核となっている教師は、前年度の日誌などを紐解けばわかるというものではありません。自分の目で学校を見渡し、「おそらくこのあたりが中核の仕事をされていた方だろう」と当たりをつけます。

私の場合は、A先生（中堅の研究副主任）なら学校の事情に通じているだろうと思い、その先生のもとに行き、「この件については誰に聞けばいいですか？」と尋ねました。すると、A先生は、「その件についてはB先生ですね」と仕分けてくれます。そして、今度はそのB先生のところへ行って「ちょっとこの件がわからないので教えてください」と尋ねました。

本当のことを言うと、私は既に教務の経験を積んでいましたから、誰かに尋ねなくても、自分なりにどうすればよいか、ある程度は見透かしていました。しかし、そうした知識やスキルを行使するのではなく、あえてA先生、B先生のところへわざわざ尋ねて回るのは、別の意図があります。それは、自分の解釈と一緒か、違いがあるのであればどのような違いがあるのかをつかむためです。

すなわち、その学校の計画と実態、その先生が計画遂行のための束ね役になったかどうかを感じ取るためです。

さらに言うと、ある計画が慣例によるものなのか、B先生がつくり上げたオリジナルのアイディアによるものなのか、それとも慣例を元にして改善を図ったものなのかを知るためです。

教師に限らず、人というものは、自分がつくりあげた、あるいは改善した事柄を、断りなしに（あずかり知らないところで）いじられることに対して腹を立てます。たとえ新しい教務主任がそうするだけの権限をもっていたとしても、内心は心穏やかではいられません。だから、たとえ微調整であっても、事前にその教師の耳に入れておくことが肝要です。これは事をスムーズに運ぶ知恵だと言ってよいでしょう。

一方で、完全に慣例でやっていて、「引き継いだから仕方がない」とばかりにやっていることもあります。その場合には、むしろ率先して変えていくことを通して、その先生のやる気をも引き出せることもあります。このあたりのにおいを嗅ぎ分けることが、非常に重要なのです。

通り一遍にできることではありませんが、いずれにしても、自分が一番よいとする最適解を単純に前面に押し出すと、いらぬ軋轢を生むということです。ですから、いったんは胸に秘めておいて、前任者やその協力者に教えを請う形で巻き込んでいくのです。

「仕事を通して人間が成長していく」というのが学校社会です。それは子どもも教師も同じです。ですから、一つの仕事の裏側には、その仕事にかかわった教師の専門性や将来への期待が秘められています。それがどの程度のものなのかを自分の目で見極めていくということなのです。

問題が起きるのをわざわざ待っている必要はない

およそ世に出回っているハウツー本は、「忙しくなったらどう対処すればよいか」というクエスチョンから論がスタートします。これは、対症療法をアンサーとする必要がある関係上、どうしても最初に悪い状況を想定せざるを得ないからです。しかし、私が論じていることは、考え方が逆です。「そもそも問題が起きるまで待っている必要はないですよね？」ということです。あらかじめ適切な手を打っておけば、そもそも大変な状況になどなりようがないからです。

ある学校で私が、実質的な教務主任の役割を務めたときのことです。

前任校では、学年主任、研究主任を歴任した後に教務主任となりましたから、学校の全体が見えていました。しかし、次の学校は、そうしたプロセスを経ずに教務主任としての役割を果たさなければならないので、勝手がわかりませんでした。

そこで、まず手はじめに昨年度の記録を確かめ、前任校でのやり方と自分なりに比較してみました。すると、前任校のときにはなかった無理・無駄・無計画が見えてくるわけです。

このとき、「これはこの学校の問題点です。前の学校では…」という切り出し方をしてしまう人がいますが、典型的な駄目パターンです。提案された側は、（たとえ適切な指摘だったとしても）内心、心穏やかではいられません。どうしたって反発心が生まれます。

何でも自分で解決しようとするのはなく、まずベテランの先生（たとえば学年主任）に聞きに行けばよいのです。すると、何かしら答えてくれます。内心では、「だから無理が生まれたんだ」と思いつつも、「なるほど、そうだったんですね」ととぼけておいて、「ただ、どうでしょう。いまのやり方で本当に先生方はやりやすいですか？」と尋ねます。

こちらとしては無駄が多いことなど最初からわかっていて、あえて聞いているわけです。上手に話をもっていくことができれば、「実を言うと…」などと本音が漏れます。ここからが本番です。

「私は以前、似たような状況があって、こうやったらうまくいったのですが、先生はどう思われますか？」すると、たいていの場合「それは、いいですね」と返ってきます。そこで、もう一押しします。

「試しにこの提案を行ったら、先生方から応援の声が出ますかね」と探りながら、暗に助力をお願いするのです。こうしたやりとりを行い、ベテランの教師を通じて周囲の先生方に周知してもらった後に運営委員会に出せば、（何か特別の理由がない限り）まず自分の提案が通ります。この手はよく使いました。

なかでも、校務分掌の整理に関する案件については、先生方は特に喜びました。

無駄だと思っている仕事が減るわけですから当然です。

学校には、存在してるだけの委員会というものが割とあるのです。そのような状況下であれば、関係する組織そのものを小さくしてしまうに限ります。組織が小さくなれば、当然のことながら会議の数が減ります。なくしてしまうのではなく、その学校の身の丈に合った、ちょうどいい組織の大きさにするということです。

学校というところは、地域の変化に左右される要素が大きいところです。たとえば、空き地に高層マンションができるだけで、学校組織の改編が必要となります。子どもの数が突然増えたりするからです。

すると、それに見合った組織をつくることになるのですが、その後、高層マンションに住む子どもたちが卒業して、子どもたちの数が減っても、組織がそのままだったりすることがよくあるのです。

私が教務主任だったとき、山ほど増えてしまったＰＴＡ行事を整理する仕事に従事したことがあります。このとき、次のような作戦で対応しました。

学習指導要領で位置付けられる特別活動としての学校行事と、それに当てはまらない学校独自の行事の双方を、（時数もすべて入れる形で）比較できる一覧表をつくり、先生方に問いかけました。

「学校行事は、子どもたちの健やかな成長を促す、とても大切な教育活動です。とはいえ、わが校には、表のような現状があります。みなさんは、この実態をどうお考えになりますか？」

このような一覧表をつくると、たいてい学習指導要領に基づかない行事のほうが多くなるものです。ほかにも隠れ時間もあります。こうした時間が、普段の授業へのしわ寄せをもたらしていることが一目でわかるのです。たいていの場合「じゃあ、学習指導要領に基づかない行事は減らしましょう」という結論で決着します。

こうした基礎資料をつくるのに、私はたいへん力を入れました。実行すれば、おおむね採用され、採用されれば先生方も楽になり、たとえば教材研究が充実したりするわけですから、忙しい中でもやりがいのある仕事でした。

本来であれば、行事計画の見直しのための資料作成と提案などは、特活主任がやってくれたら最高です。もちろん、教務主任がすべて行ってもよいのですが、私は特活主任に次のような話をしていました。

「児童会を動かすだけが特活主任ではない。本来は特活全体を取りまとめる主任なのだから、特活的な行事が、バランスがいいかどうかの原案はやはり手元にもっておいたほうがいいよね」と切り出し、「ほかの行事がどうなっているか、ちょっと整理しておいてもらえますか」と促します。

特活主任にとっても、自分の仕事の根拠資料となるし、勉強にもなるわけですからいいことづくめです。

実を言うと、このやり方は私のオリジナルではありません。私が五年次のころ、ある先輩から「安野さん、特活主任をやってください」と言われたことがあります。「特活は学校全体が見えるから」と。

彼は教務主任だったのです。「その時間数がどうなっているかを自分も調べているが、安野さんの目で一覧表をつくってくれないか」と言われた経験が、この作戦のはじまりだったと記憶しています。

教師になって早いうちに全校を見る目の大切さを学ぶよい機会となりました。「なるほど、教育課程というのはそのように組まれているのか」という基礎的な視野を得ることができたからです。

結局のところ、教育課程の編成とは、時間数の割り出しなのです。（知っている人は知っていると思いますが）その基礎となっているのが、市や校長会で決められた全体の枠です。その枠の中で、授業日（昔であれば短縮日も含む）、卒業式や入学式といった主たる行事を位置付けておき、さらにそこに保健行事を加える。このように、

「ねばならぬ」行事を先に入れておいてから、次に学校が創意工夫をもって行う行事を埋め込みます。このような手続きがしっかりしていれば、卒入などの時間枠は教務主任と教頭のビジョンで決定できます。

勤労生産の行事などの、さらにもう少し下ろした段階で行うような行事などであれば、各分掌の教師と連携しないとそう簡単にいじれないですから、この辺から全体とかかわらざるを得なくなります。

その教務主任から言われたことが、「行事のトータルの時間数や時期などを、バランスよく整理するのが、特活主任であるあなたの役割ですよ」という言葉でした。

実は、教師のニーズを知るより先に、つかんでおかなければならないことがある

1 教室環境の実態把握

「いま、足りていないことはないですか？」

「何か困っていることはありますか？」

このように先生方からの要望に耳を傾けることは、とても大事なことです。しか

し、さらにもっと大事なことがあります。それは、要望を聞く前に、実態を知っておくことです。

すなわち、実際の教室が、いま、どのような状況にあるのかを自分の目でちゃんと確かめておくということです。その実態をつかむときに、教務主任は非常にいい立場にあるといってよいでしょう。

どの学校においても、放課後、教室の鍵がちゃんとかかっているか、電気が消えているかを確かめて回ると思います。私の場合は、教頭先生と相談して「1日おきにやろう」とか、「出張のときは臨機応変で」という取り決めで行っていました。この校内巡回が、子どもたちや先生方がいる時間帯ではむずかしい、各教室の実態をつかむ大きな手掛かりとなります。

中には、自分の担任の教室に入ってくることを嫌がる教師もいるからです。しかし、教務主任であれば問題ありません。どの教室にも「失礼します。鍵締めに来ました」と言って入っていけますから。

教室に入って行ければ、どの教室が荒れているとか、理科室がガチャガチャしているとか、毎日のように見られるわけです。

「教務主任だからこそ、やれることは何か」を知るというのは、実は実態を自分の目で見て歩いて、どこに課題があるかを、あらかじめ自分自身でつかむということです。**実態さえつかんでおけば、先生方からの要望の中身が適切か否かを判断することができる**ようになります。

たとえば、「A先生は一所懸命やっているけど、追いついていない。これはやはり予算措置を講じる必要がありそうだ」ということもあるし、「B先生は、何もやらないで要望だけ出しているな」ということもあります。その判断を瞬時に行うことができるようになるということです。

こうした実態が見えてくると、学校予算を組む際に、適切にささやくことができます。事務主事に対してであれば、「学校図書の購入は、いまのままで新しいものを入れても、1年か2年もすればガチャガチャになってしまうから、その前にひと手間あったほうがいいかもしれませんよ」という案配です。

以前、理科主任でとても優秀な教師がいて、段ボール箱などを上手に活用して教具や備品を手際よく整理していました。しかし、それでは限界があったのでしょう。あるとき「棚が欲しいのですが、都合をつけられませんか？」と要望がありました。

私はすぐにピンと来て、あの段ボールの中にあるものを棚に移したいんだな、ということがわかりました。そこで、そう尋ねると「そうなんです」という返事がかえってきました。

　私としては、彼から言われるまでもなく、いずれそうする必要があることがわかっていましたから、「わかった、何とかしよう」とその場で請け負うことができました。このようなやりとりができると、私と教師との間に、自然とつうかあの関係性が生まれてきます。

　さらにまた、実際に棚が納品される段になると、その教室を担当している教師にとっては自分が本当に必要なものを手に入れられたわけですから、すぐに教具や備品が移し替えられ、ビシッときれいになり、教室環境が向上します。

　しかし、もしその棚が、その教師にとって、さして必要感のないものであったならばどうでしょう。せっかく搬入されても、おそらくいつまで経っても棚は空のまま放置されてしまうのではないでしょうか。

　このように、「教務主任だからこそ、やれること」というのは、どうでもいいと思うようなことに混じって、実は大切なことがたくさんあるということです。

2　子どもたちの状況把握

　学校の実態把握は、教室環境だけではありません。子どもたちの状況把握も大切な実態把握です。これには、補欠授業をうまく活用するとよいでしょう。

たとえば、出張や病休などで誰かが代わりに授業を行わなければならないことがあります。空いている時間の先生に入ってもらったり、「今回は申し訳ないが学年で何とかしてください」と促して補欠授業を組みます。

このとき、分身の術は使えないから、1時間中ずっとはいられなくても、「この学級とこの学級には私が行きます」と名乗りをあげて授業に入るわけです。すると、各学年の様子、学級の子どもの様子、教室の様子をつかむことができます。

私は、こうした補欠授業の折に、さりげなく子どもたちに尋ねていました。

「どう、先生は？」

「このクラスはみんな仲よし？」

「授業中におしゃべりなんかしていないよね」などなど。

子どもは正直ですから、「えっとねー」などと言って教えてくれます。

教務主任然として、「授業を見せてください」などと言ってわざわざ行くのは、教師を身構えさせるのでうまい手ではありません。ですから、こうした補欠授業を活用するわけです。

このようにして、実態を把握できていれば、次に補欠授業を組むときに、「あの学級はしっかり先生をつけておかないとダメだな」とか、「この学級はある程度自分たちでできそうだから」と、学級の様子を思い描いておいて、補欠を頼む教師に事前にアドバイスすることができます。「ずっとついていなくてかまわないので、ちょこちょこ見に行ってくださいね」という案配です。

飛び込みのような形で授業に入っていくわけですから、その教師にしてみれば、こうした何気ない一言でも、何に気を配らなくてはならないかを事前に知ることができます。だから、自信をもって子どもたちの前に立つことができるのです。教務主任にしても、子どもの様子がわかっているから、安心して授業を任せられます。

いかがですか？「教務主任は仕事を抱え込んでいて、いつもたいへんそうな何でも屋」というイメージとはひと味違う教務主任像が浮かんできたのではないでしょうか。

実は、教務主任の仕事というのは、やり方次第でとてもおもしろくなるのです。

管理職と教師の架け橋は、教務主任が架ける

1　教務主任の「連絡調整」

よく「教頭は、校長と所属職員をつなぐ掛け橋」などと言われます。しかし、「言うは易く行うは難し」で、教頭がいくらフレンドリーに相談事をもちかけたとしても、教師はなかなか本音を漏らしません。

教師の側からすれば、（どのような言われ方であっても）管理職からものを言われているという目線になります。教頭は（どうがんばっても）管理職側の人間であって、教師の味方にはなり得ません。ですから、教頭が教師の本音を引き出すのは容易ならざることなのです。

一方、教務主任は、主任といえども一教師です。このような立場であるからこそ、本音を聞き出すことができるのです。「私も一教師ですから、先生方と一緒に教頭に相談をしていきましょう」という切り口です。

つまり、教頭の相談事であれば決定事項の伝達という印象になるところを、教務主任であれば、教師側の考えを反映させる余地があ**る**相談事だと受けとめてもらえ

るということです。こうした点が、教頭先生が担うよりも教務主任が担ったほうがよいと考える理由の1つ目です。

一口に学校組織といっても、いろいろな教師がいます。都市部では若手教師が急増していますし、なかには「学校よりも自分の生活のほうが大事」だとばかりに、斜に構えているふうな教師もいます。教務主任にはこうした様々な教師の情報が入ってきます。そのためには、主任層との望ましい関係づくりが大切となります。これが理由の2つ目です。

要するに、**学校教育法施行規則第44条第4項に定める「教務主任は、…教務に関する事項について連絡調整」に当たるという条文の「連絡調整」とは、まさにこの管理職と教師をつなぐ架け橋となるということ**なのです。

2　教務主任の踏ん張りどころ

もう一つは、話のもっていき方というか、相談時の雰囲気です。

教師によっては、「教務主任って、管理職側でしょう?」「教頭先生から言われてやっているんですよね?」という言い方をする人もいます。当然のことながら、自分の本音は語ってくれません。

「自分たちと同じ立場にいる仲間だ」と思ってくれなければ、管理職と教師間の橋は架けられないということです。そして、一人一人の教師に「仲間だ」と思ってもらえるか否かは、教務主任自身が腹をかけられるかにかかっています。要は、胆力をもてるかということです。

たとえば、校長や教頭が「保健行事を増やしたい」と言っていても、「いま、保健行事を増やしたら授業時間の確保が難しくなる」という状況にあれば、教師を守る壁になって管理職に意見を進言していく、こうした胆力です。

ココが弱いと、教務主任は管理職の連絡事項を伝えるだけの子どもの使い、あるいは教育課程関係の単なる事務屋となってしまいます。それでは、学校を活性化する機運をつくり出すことは叶いません。

教務主任は、ときに教師側の代表者であり、ときに代弁者たる存在だと先生方から思ってもらえるようにすることが重要なのです。

あるときのことです。

私は、当時の校長や教頭から「早く指導案を書いて研究授業をやるように」とせっつかれていました。しかし、私が聞き出した先生方の本音を勘案するとともに、いまの学校組織の状況からして、いまはまだ研究授業を行える状況ではないと感じていました。そこで、校長に対し、勇気を振り絞って率直に意見具申したのです。

「いまは指導案なんか書ける状態ではありません。そのための教材研究が不足しています。ですが、1学期の間は教材研究などに全力投球すれば、この学校の先生方は絶対自分たちから研究授業をやりたいと言いはじめるはずです。だから、焦らないでじっくり取り組ませてください」

最初のころはよく怒られました。「生意気だ。そういうことじゃない」と。しかし、研究の成果が見えてくるにつれて、だんだんとわかってもらえるようになりました。

管理職ともめずにうまくやっていくことも、確かに大切な教務主任の資質です。しかし、**ここぞというときには、教師としてしっかり腹をかけて、教師側の代表者、代弁者の立場から管理職にものを申すことが大事**なのだろうと思います。

3 周囲の教師に教務主任としての自分を知ってもらう

教務主任としての連絡調整力を有していることと、「うちの教務主任は、私たちの側に立って対応してくれる」と周囲の教師に受けとめてもらえることとは、必ずしも一致しません。特に後者については、自分が教務主任としてどのような考えをもっているか、教師の立場からものを言ってくれるかを、周囲の教師に知ってもらう必要があります。

そのためには、次の理解がベースとなります。すなわち、「学校の組織体や学校が目指す研究の『いま』があるのは、先輩教師たちの『これまで』があり、後輩教師たちの『これから』があるからだ」という大きな流れの上に立っているという理解です。このベースがいい加減だと、誰一人としてついてきてくれません。

その学校でたたき上げられた、いわゆる生え抜きといわれる教師であれば、学校の「これまで」が自然と身についているので、もの多く言わなくても後ろ姿で多くの先生方がついてきてくれます。

私はこれまで2校で教務主任を担いました。そのうち、1校が生え抜きとして、残りの1校が飛び込みでした。

生え抜きとしての1校では、7年在職していたうちの最後の2年間が教務主任でしたから、5年間の積み上げがありました。さらに、研究主任も経験していたおかげで、順調に職務を遂行することができました。

しかし、よその学校から異動してきたばかりの教師が飛び込みで教務主任を拝命した場合はそういうわけにはいきません。赴任校のこれまでの実績を相当しっかり理解し、それを配慮した上で提案しないと誰も言うことをきいてくれないからです。「先生は校長先生や教頭先生に何を言われてやっているのだ」というまなざしが強く、その意識を払拭するのにずいぶんと時間がかかりました。

教務主任と研究主任との望ましい関係性

研究主任の仕事というと、研究活動のみならず、研究体制や研究に向かう段取りなども含まれると考える方は多いのではないでしょうか。「研究・研修にかかわるあらゆる業務は、すべて研究主任がこなさないといけない」という受け止めです。しかし、研究主任一人が、あらゆる業務をこなすことなどできるのでしょうか？

実際、理論の構築、理論を具体化する授業像の提案、体制づくり、段取りなどをすべてきちんと行おうとしたら、研究主任はもちません。もつわけがないのです。するとどうなるか。理論の構築など、肝心の研究の中身そっちぬけで、研究授業の段取りだけを取り仕切るような仕事ぶりになります。そのような研究主任であってよいでしょうか？

研究主任は、研究の中身をどうするかを考えることが本来の仕事です。その職責を全うするためには、研究主任自身が研究できる場と時間がしっかり確保される必要があります。たとえば、最先端の教育理論の本を読んだり、関連する研究会に参加する場と時間が必要なのです。

通常の授業とは異なり、研究授業では課題性のある授業提案が求められます。ですから、「授業がうまい」「見栄えがいい」ではだめなのです。授業研の段階では、「研究のテーマを具現化すると、こういう授業になる」という明確な形をつくらなければなりません。そのための時間保障がどうしても必要となるということなのです。

ここが、教務主任の出番です。結論から言うと、研究の体制づくりと段取りは教務主任が行うのです。たとえば、県や国からの研究指定を受けたとして、研究を積み報告書を書くのは研究主任が担い、どのような体制で研究を進めるかといった外堀づくり、どのように人を巻き込んでいくかといった段取りは教務主任が担うという分担です。

これは研究・研修という台風の渦をつくり出すだけでなく、研究主任の時間保障を実現します。このような研究主任の本気の姿を支えていく教務主任であれば、教務と研究はたいへんよい関係になっていくのです。

難しいことのように聞こえるかもしれませんが、実はどの学校でも行うことができます。ただし、ひとつだけ要件があります。それは、教務主任自身の研究経験値です。ですから、自ら研究主任としてのキャリアを積んでいれば十分に可能です。もし研究主任を経験したことがない、あるいは自身の研究の積み上げがなく、研究体制や研究の段取りに終始してきたのであれば、前述のような手法をただ単純に模倣してもうまくいきません。

実際の話、研究主任を経験せずに教務主任を拝命する例は、割と多いと思います。このようなときは、「研究体制や段取りといった外の部分は私がやりますから」と言って、「研究室で一緒に勉強させてほしい」と申し出るとよいでしょう。そして、研究の舵取りを研究主任にお願いしてしまうのです。要するに、「研究主任をもり立てていこう」という態度を前面に出して、研究主任を支える黒子に徹するということです。

決して、立場を逆転してはだめです。一定の経験を積むと、人はつい上からものを言いたくなるものですが、そこは大人の対応が必要です。

これは、抜き差しの問題だと言い換えることができます。教務主任と研究主任のどちらがフロントに出るか、どちらが黒子に徹するかは、単に立場によってだけではなく、研究の経験値や学校の状況に応じて、柔軟に決めるということです。

教務主任として、こうした経験値を積んでおけば、管理職になった後にものすごくプラスに働きます。逆にそうでないと、本当の課題を見定める能力が身につきません。いくら所属職員に指示を出しても、中身のない研究、いつもと代わり映えのしない形ばかりの研修となってしまいます。

このような経験値は、管理職になってからでは積むことができません。教頭でも遅いし、校長であれば闇雲に上位下達式の学校経営となってしまうでしょう。教務主任であるうちに、研究主任とともに自分の足りないところを補いつつ、研究主任をカバーする経験値を積むことがとても大切なのです。

ぼやきから教師の真意を読み解く

研究・研修を推進する上で、大切なことがあります。それは、教師のぼやきに耳を傾けるということです。

本来、**ぼやきは、「自分だったらこうできる」「自分ならこうしたい」という意欲の裏返し**です。つまり、ぼやくということは、組織の中で自分の力を思うように発揮できていないと感じている心のサインなのです。

ぼやく教師は、「自分は力をもっている」と信じています。自分が上がれる舞台さえあれば活躍できると思うからこそぼやくのです。ですから、発想を転換してぼやく人間を探し出し、そのぼやきからその教師が何をしたいかを読み解くことです。その上で、彼らの真意を反映した舞台を設定できれば、自然ともてる力を発揮してくれるようになります。

教務主任は、こうした先生方のぼやきを耳にするチャンスがたくさんあります。たとえば、出張要請などもそのひとつ。

出張のお願いに行くと、「ええ、また私ですか」とぼやく教師がいます。正直「行きたくない」というのが彼らの本音。このとき、「仕事なんですから、行くのは当たり前でしょ?」などと口にしたらどうでしょう。反感を買うだけです。

このとき、こうしたぼやきから教師のしてみたいことを読み解き、形を変えて提案するのです。たとえば、次のような案配です。

「先生は、どのような出張（分掌）だったらいいと思いますか?」

「うーん、そうですね。もし○○○であれば、いいと思うのですが…」

「では、校長先生には私から報告しておきますので、○○○にしましょうか。どうですか？」
「それなら、まぁいいですよ」と少しだけ前向きになります。

根回しは、教師が活躍できる舞台設定のための手法

それともう一つ根回しがあります。

たとえば、今度社会科の研究授業を行うことになったとします。このとき、職員会議の場で上位下達式に「やると決まったのですから、とにかくやってください」では、やはり反感を買います。

職員会議の前にやっておくべきことがあるのです。それは、中心となるであろう教師のもとに早めに行って、あらかじめ打診して本音を引き出すことです。

「今度社会科の研究授業を行いたいと校長先生が言ってたのですが、先生のご協力をお願いしたいと思いまして」

「うーん、まぁ、協力はしますよ」

「ありがとうございます。ところで、何か気にかかることはありますか？　よかっ

たら、先生のお考えを先に聞いておきたいのですが…」

この「先に」と言うところがミソです。「まだ何も決まっていない段階だ」という側面と、「あなたの考えを反映したいからだ」という側面を暗に示しているからです。すると、日ごろからぼやく教師であれば、何かしら意見が出てきます。

「実を言うと、本当は○○○○のほうがいいんじゃないかという気がするんですけど…」

「なるほど。では、いったん先生のお考えをお預かりして校長先生に話をしてみますので、また相談に乗ってください」

このようなやり取りであれば、「本当はこうしたい」という真意を聞き出せるだけでなく、その教師のアイディアが取り上げられれば、本気で取り組んでくれるようになります。

根回しというと、誰かの思惑どおりに事を進める出来レースの素地づくりといったネガティブな受け止めをする人がいます。しかし、**根回しとは、教師が本当にしたいこと（潜在的能力）を発揮できる舞台をつくるための合意形成を図る手法なのです。**

そもそも裏でぼやく人は、職員会議や校内研修の全体の場では絶対に自ら意見

（本音）を言おうとしません。決まってしまえば従うけれども、その分掌をこなしながらぼやくわけです。本人に自覚はありませんが、がんばっている教師からすれば、ネガティブ・スピーカー以外の何者でもないので、組織全体の雰囲気はちっともよくなりません。

そこで、根回しを通じて、学校のミッションにかかわる先生方の本音を聞き出し、ぼやきを解消する環境を実現するための青写真をつくっていくわけです。

もちろん、すべての本音を実現できるわけではありません。ときには考えを曲げてもらわなければならないときもあります。そこで、根回しの段階で、あらかじめ「次は○○○○をやりたいと考えていますが、今すぐやるよりも得策かもしれませんね」というような感じで意見をもらっておくのです。

このように、誰かの思惑どおりの方向で無理やり組織を動かす手段としてではなく、ぼやいている先生方の真意を聞き、モチベーションを高めるための手段として上手に根回しを行い、最も良い形で台風の渦に巻き込んでいく。これが教務主任の大切な仕事であり、教務主任だからこそできることなのです。

みんなで同じ舞台にあがれる土壌をつくる

1　大上段に構えずに、小さな案件の解決を積み上げる

一大研究プロジェクトを立ち上げるといったときに、無策のまま第1章冒頭の四象限の「人材」と「人在」を同じひとつの舞台にあげようとすれば、ぶつかったり、ぎすぎすしたり、うまくいかないことはよくあります。これは教師間でビジョンの共有化が図れていないからです。

「ビジョンの共有化」といっても、それほど大げさなことではありません。たとえば「朝礼での子どもの集まりが悪い」「学年会がどうもうまく回っていない」「学年会の時間が、学年主任の都合でころころ変わる」という状況をとらえて、「そうしたことは、私たち教師が率先して変えていったほうがいいですよね」と提案して小規模のミーティングをもちかけるという共有化です。

ほかにも、自ら誘って一緒に食事をしながら仕事の話をしたり、お酒の飲める先生であれば居酒屋でわが校の展望を語り合うといった、本当に小さなところからコツコツと積み上げていく共有化もあります。

いずれも共通する点は、**大きな仕事を成し遂げるためには、小さなコンセンサスを積み上げていくことが大切だ**ということです。

以前、私の赴任した学校で、6年生が修学旅行から学校に帰ってくると、5年生が待ち構えていて6年生の荷物を5年生の子どもたちがバスから下ろすという、訳のわからない慣習がありました。

私は周囲の先生に、「なぜこんなことをするのでしょう」と趣旨を聞いて回りましたが、明確な回答は得られませんでした。「たとえ面倒でも、その子たちが6年生になったら次の5年生にやってもらうのだから」といった程度の考えです。

現在の教育行政が、もち上がり人事ではなく、人事がばらばらになっていることにも要因があります。要するに、昔何かのきっかけではじめたことが、人事異動で担当教師がいなくなったことで趣旨が忘れ去られ、慣習だけが残ったということです。このような**教育効果を度外視した、暗黙のうちにただ何となくやっている不合理や無駄は、学校にはたくさんある**ということです。それらを見つけ出して、なくそうと呼びかけていったわけです。

このような不合理や無駄は、自分で見つけたものもありますし、管理職からの指示に基づくものもありましたが、圧倒的に多かったのが先生方のぼやきの中から生まれました。

こうしたぼやきのヒアリングを通して、小さな改善を積み重ね、先生方のビジョンの共有化を図っていったのです。これが、学校全体として成功を期すようなプロジェクトをつくり、動かしていくための土壌となるのです。

2　メンテナンスとモニタリング

一度築き上げた土壌がやせ細ってしまわないようメンテナンスも大切です。アンテナを高くして、先生方のぼやきを素早くキャッチする。大田区の工場町ではたくさんの工場が数多くの機械を動かしていますが、喩えると、そうした一つ一つの機械がいつもと同じように正確に動くように油を差したり点検したりする、こうしたメンテナンスを怠らないようにするということです。

このとき、モニタリングしてくれる人が必要になります。自分だけだとどうしても先走ってしまう恐れがあるからです。私はかつて、自分よりも少し年齢が低いくらいで、そろそろ学年主任を任されそうな若手の先生２人か３人くらいに相談をもちかけていました。

「この間のミーティングで提案した研究のもち方だけどどう思う？　先生方の受け

止めは？」といった案配です。すると、「ちょっとやりにくい面があるようですね。もう少し小集団で話し合う機会があるといいと言っていました」などの情報があがってきます。

実際に行ったことと、それに対する受けとめにギャップがないか、ある場合にはどのような対応策が考えられるかの材料にするわけです。好意的な受け止めであれば、「じゃあ、ちょっと仕掛けようか」ともちかけます。

次の段階では、一番責任が重くなっていそうな学年主任に柔らかく相談にもっていきます。学年主任会の議題にしてもらうのか、それとも非公式にコンセンサスを図っていくのかなども含めて相談し、そのうえで管理職に報告します。

これだけのことを事前に行っておくと、すでに主要な教師の耳に入っているので、公式の場で角を突き合わせて議論をしなくて済むようになります。会議、会議で時間ばかりとられることもなくなり、ビジョンの共有化も図れるから一石二鳥というものです。

学級がはじまる前に若手に伝えておきたいこと

4月初旬の1週間は、特に初任や若手の先生方のクラスにどんな子どもたちがいるのか、どういった課題を抱えているのか、あるいは授業をそのためにどうつくっていくかを考える時間に充てます。

自分の学級をスタートさせる、学級開きの準備時間に充てたい時期です。学級のスタートは、子どもたちとの出会いを大事にしないといけないので、その出会いをよりスムーズにしていくということです。

たとえば、教室の席を名前の順や背丈の順で並べるのがいいのか、それとも教室の机にネームカードを置き、「みなさん、よろしくお願いします。当面はこの席でスタートします」としたほうがよいのかを吟味します。

子どもの視力や聴力などの身体的課題に配慮するだけでなく、たとえば、小学3年生であれば、2年生のときに同じ学級だった子ども同士が隣にならないような配置をつくるということもあります。

特に、3年生になると、集団をつくりやすい時期ですから、同じ学級の子どもたちが固まったりすると、そこで「ぼくたち、前は…」と言い出して派閥争いを生みかねません。だから、バラバラにしておいて次のように話をします。「できるだけ新鮮な出会いがあるように先生が考えたんですよ」

このような配慮ができる教師であれば、「今度の先生はしっかり考えながら学級をつくっているな」ということがわかります。

いずれにしても、スタートの席の並びをどうすればよいのかは、結構悩むものです。

このとき、若手の先生方の相談に乗ってアドバイスをするのが教務主任の役目です。積極的に尋ねるかたちで助言します。

「みんなは指導要録や健康診断票は分けた？　手に持ってる状態？　それって大事だよ」と言って、「たとえば座席を考えるときにも配慮しなければいけないし、もしもそれを見ないで座席をつくると、保護者から言われるよ。『うちの子は視力が悪いから席を替えてください』って。せっかくスタートしたのに、次の日にはまた席替えでは、子どもたちは先生をどう思うだろう？　きっと感じるよね。今度の先生、頼りないなって」

本当にちょっとしたことなのですが、とても大切なことです。

もし、学級開き早々に席を変えたことが保護者の耳に伝われば、「また替えたの？」「だって、〇〇ちゃんが目が悪くて見えないと言ったから」となります。

学年が決まったら、すぐに学年会をもつ

学年が決まると、その日の午後に職員会議をもつ学校がありますが、私は「学年が決まったら、すぐに学年会をもつことが非常に重要です」と口にしていました。なぜかというと、先生方からすれば、学年が決まって次に必要なのは、その学年にどんな子がいるのかということです。ですから、校務分掌の決定とともに、学年会で指導要録や保健にかかわる調査票などの諸表簿の分けっこをしようと提案していました。

それら諸表簿を最初に分けておけば、すぐに動き出せます。初任などでやるべきことは、健康上のこと、たとえば視力の悪い子がいれば、席決めのときにも配慮しなければなりません。

そこで、まず諸表簿をはじめに分けてしまって、自分の学級はどうかということを見ておいたほうがいいとアドバイスします。そうでないと、諸表簿はただ記入す

るだけのものになってしまい、有効活用されません。

諸表簿を使えるものにしていくには、新しい学級をもったそのときに見ておいてもらうのが一番です。もし、このタイミングで仕分けずに、教育委員会訪問の直前あたりで「確認しましょう」となったら、「なぜ、いま？」と教師は受けとめるでしょう。

計画を考える際、適切な時期にタイミングよく行えば非常に意義のあることが、優先順位を誤って後回しにされてしまうと、その意義が失われ、ただ単にやらされる仕事に変わってしまうのです。

しかも、最初にきちっとやっておけば、年度はじめの転出入事務のミスが減って、ちゃんと諸表簿が送られてきたかチェックできるのです。これが計画、無計画ということの一例です。

学校の計画から無理をなくすためにとても大事なことは、若手や初任も含めて、教師の立場に身を置いて、何が望まれるのかをつかむという感覚です。

学年主任会という横の関係を活用する

運営委員会とは別につくる学年主任会は、学校の縦の関係、ヒエラルキー的な縦の組織とは異なる横の組織です。

多くの学校は、この横串となる委員会を、通常、特別委員会という名称で分掌に設けています。名称が違うわけです。たとえば評価委員会という名称をつけて、通信簿を話題にしながら遂行していく組織です。

年度末の指導要録を整理するときには、まず成績一覧表を出してもらって、妥当性のチェックを行い、指導要録に記入するという約束事も含めて、評価委員会を組織する学校もあります。しかし、この評価委員会は、注意深く見ると、ほとんどが通知表改訂委員会のような赴きで、年間に何度も開く必要がない委員会です。

同じように、各教科の重点目標の設定などをお願いするときに呼びかけたりする教科等主任会があります。このような委員会を形として組織しておけば集まりやすいわけです。その一方で、事項ごとに特別委員会を設けると、特別委員会の数ばかり増えてしまい、一見組織が整っているかのように見えても、実態は非効率となってしまうことがあります。

そこで、こうした事柄のすべてを学年主任で構成する学年主任会に集約してしまうことを推奨しています。

以前、性別を問わず子どもを「さんづけ」で呼ぶか、それとも男子については「くんづけ」と呼ぶかが話題に上ったことがあります。

一見、つまらないことのように思うかもしれませんが、その確認をやっておかないと、主任が替わるたびにバラバラになってしまって、授業参観や授業研の折に、「あれ?」ということになります。

ほかにも、ノートのマス目の使い方などもあります。慣例的ではあるかもしれませんが、これもバラバラになりやすいものです。

職員会議で話題にするほどではないものの、みんなで一応確認したほうがよいと思われる事柄が、学校にはいろいろあるということです。

つまり、**分掌といいながらも、縦の関係とは違う、いわばプロジェクトごとに違う編成をしていくかどうかで、教育活動の精度が変わる**のです。

私の知っているケースでは、挙手の仕方があります。

別に各学校で統一しなければならない決まりがあるわけではありません。学級ごとにバラバラだとダメということでもありません。しかし、教師を指導する立場から見ると、校内研究などでバラバラだということが如実に表れるのです。「本当にそれでいいの？」という話題が研修で出るといったケースによく出合うわけです。

たとえ規則などで明確な取り決めがなかったとしても、研究発表を行う場合には、学校として統一したほうがよいのです。参観する教師にバラバラな印象をもたれずに済むし、何より子どもたちが迷わずに済むからです。本当にちょっとしたことですが、こうした話し合いを大事にすることが、教師間の協働を促します。

教務部を機能させることが、無駄な仕事をなくし、教師のモチベーションを引き上げる

いろいろな学校で耳にすることがあります。それは、学校に教務部はあるものの、あまり機能しているようには見えない、というものです。私としては、ぜひ教務部をしっかりさせることが得策だと思っています。

教務主任の仕事のターゲットは、学年や学級です。学年の規模を決めるのは学級であり、学級の規模を決めるのは児童・生徒数です。このベースにのっとって、教

科書起用や、転出入も含めて要になる事務処理に携わります。

言い換えると、児童・生徒数の把握からすべての仕事に波及していくわけですから、その仕事の質と量は膨大なものとなります。だから、教務主任が一人でこなしていくのではなく、教務部で対応することが大切なのです。

たとえば、**どこにどのような教室を配置するか、掲示物をどうするかといった学校全体の校内環境、清掃当番の分担、こうしたことがすべて教務部に集まって有機的に関連づけられていたほうが、学校の運営はうまくいく**のです。

しかし、多くの学校では、給与係や清掃係といった案配で仕事と役割が分散しているのが一般的です。なぜなら、そのほうが教頭にとっては指示が出しやすいからです。

私の経験からいうと、分散されずに教務部に集約されているほうがよいと思います。たとえば会計検査院や文部・財務の監査が入るときにも、対応が迅速で正確になります。当時の私は、教務部のみんなにお願いして、「全部関係するので部でやりましょう」と指示すればよかったわけです。

このように、教務部が有機的に機能していれば、学校の運営が円滑になるにとどまらず、事務的な仕事を一手に引き受けて教務主任が頭を抱えるということがなくなります。

この場合の**有機的な機能とは、たとえば転出入が起きたときに、いつまでに誰が何をするかということを、あうんの呼吸で処理できてしまうこと**を指します。つまり、わざわざ「お願いします」と頼まなくても、いつの間にかできてしまうということです。いちいちお願いして回るのは、それだけでも大変です。

教務部には専用の黒板があって、そこに転出入1（○○年、誰々）とあるだけです。すると、その表記を見て、たとえば、教科書起用の担当が自発的に動き出します。こうした連携があるとないとでは、本当に天地の差があるし、何よりお互いにとても楽です。

一つ一つの事柄は、日常の些細なことなのですが、そのつどの対応があうんの呼吸でつながっていきます。だから教務部が組織されていることがとても大切なのです。

たとえば、転出入がどの時期に集中するのかを考えてみるとわかりやすいでしょう。当然、春休みが多いわけですから、旅行などで担当者が不在にしていることも少なくありません。このとき、旅行先に連絡して、「2号・3号様式はどこに仕舞ってあるのですか？」などとやりとりするのは、それだけで時間と労力を消費します。

しかし、もし教務部がしっかり組織されていれば、「じゃあ、代わりに私がやりますから大丈夫」ということになります。

これは、**教務にかかわる仕事を切り分けてしまうような役割分担ではなく、仕事全体をお互いに共有できているからこそできる連携**でもあります。

予算会議などもそうですが、教務部と事務主任との呼吸が合っていれば、とてもスムーズに事が進みます。ほかにも、特別委員会として通知表改訂委員会などを立ち上げている学校がありますが、これも教務全体の一つとして、平素から家庭との連携の上に通知表などが位置づいていれば、そもそも特別委員会をつくる必要もなくなります。

通知表の時期が来るたびに特別委員会を設置して話し合うよりも、普段から話ができるメンバーが揃っていれば、自然と「そろそろだよね」という話になるので、動きが圧倒的にスピーディで、フットワークが軽やかになるのです。

仲間と築いたチーム力が、仕事に必然性と充実感を生み出す

若手の可能性の芽を見いだすという考え方は、これまで語ってきた私の教務主任観がベースにあります。

そもそも、私は、教務主任を校長や教頭に次ぐナンバー3と考える感覚はまったくありません。私の場合には、あくまでもいいチームをつくるためのチームリーダーとしての役割がすべてだと考えています。

言葉は悪いですが、「穴があったから落っこちた」という感覚です。本当は自分でなくてもいいのだけれど、誰かがやらなければいけないから、いまこの場所にいる、同列同年代の者がいっぱいいて、どれもが有機的につながるから、一つの学校ができ上がる、という発想です。

このようなとらえでいると、たとえば、日々周囲を見渡しながら、次のような発想となります。

「職能成長のためには、A先生が生徒指導の面で中核にならなければいけない」

「B先生は研修という面で中核になったほうがいい」
「C先生は保健主事として主力になるべきだ」
「D先生は、どちらかというと特活で力を発揮してくれるはずだ」

そして、その真ん中にいる教務主任は、「何もかもできるマルチな力を発揮して…」ということでは全くなく、可能性を見いだしたA先生、B先生たちを仲間に引き込んで一緒にビジョンを語り合う。どうやっていけばいいかを意欲的に語り合っていくなかで、一つ一つの具体像を描き、実践していく。

こうしたアクションは、若いからこそできることでもあります。上から言われて組んだチームではなく、いわば自分がスカウトマンとなって引き入れた仲間とつくっていくのです。これは本当におもしろい。一つ一つの仕事に必然性と充実感があります。

もちろん、校長や教頭への連絡・報告・相談は大切です。しかし、それは、「先生方がこんなことを言っていました」とか、「こんな考えの先生が多いです」といった情報提供ではなく、自分の目で見て、感じとって、かかわってわかった「この先生はスゴイ！」ということを情報としてあげて、よりよいチームづくりのために一役買ってもらうという働きかけです。

校務分掌は校長の所掌事務ですが、各教師の力量、持ち味、考え方といった教務主任からもたらされる情報があってはじめて、きちんと機能する分掌となります。

そのような意味で、非常に大きな役割を担いますから、教務主任としての考えで反映させたいことを口頭で伝えながら、トップの二人と相談して原案をつくります。

だから、管理職にとっても、教師にとっても納得のある組織になるのです。

第3章
学校の教育力をビルドアップする

教務主任の一番大変な仕事

教務主任に「いま、一番大変な仕事は何ですか?」と尋ねると、およそ次のような回答が返ってくるのではないでしょうか。

①生徒指導上の問題を巻き起こす子どもへの対応
②学級崩壊を引き起こす教員への対応

この二つは、一見するとコインの裏表のように見えます。しかし、校内の組織力の問題と、本人の力量の問題に分けて考えると、それぞれ異なる性質の課題であることがわかります。

1 学校組織上の問題解決

①の問題解決のために、教務主任が先頭に立つことが多い学校は、裏を返すと、生徒指導主任や生徒指導委員会などが名ばかりで、きちんと機能していない学校で

す。

本来であれば、生徒指導主任が中心になって、生徒指導委員会で対応していくのが筋です。しかし、現実的にうまくいっていない学校は少なくないようです。このような学校では、教務主任が問題への実質的な対処に当たらざるを得なくなります。

メンバーとしてかかわるか、オブザーバーとしてかかわるかは別として、教務主任が生徒指導委員会の実質的なリーダーになってしまったら、教務主任が本来担うべき仕事に充てる時間と労力を割かなければならなくなります。そのうえ、生徒指導部が育たないので、生徒指導上の問題対応から教務主任が抜け出せなくなります。

このように、二重の意味で学校組織上の問題だと言えるでしょう。

結論から先に言うと、組織としての理想形は、次のとおりです。

①学年会がきちっと組織されていて機能している。

②年度当初の学年会で、学年内に学級を越えて共有したほうがよい生徒指導上の問題を明らかにする。

③共有した情報に基づき、学年の生徒指導担当教師が集約して生徒指導主任に伝達する。

④生徒指導主任は、現在ある問題を一過的なことなのか、継続的なものなのかを見極め

て資料を蓄積し、問題が予見される、または問題が起きたときに、対応できる体制にしておく。

生徒指導上の問題というものは、一見突発的に起きているように見える案件であっても、予想されたことや過去はこうだったという連続の上にある、様々な問題状況の積み重ねがあるものです。こうした背景をしっかり辿れる組織にしておくということです。

そこで、教務主任としては、生徒指導主任とよく話し合って、生徒指導上のシステムのうち、機能しているところと機能していないところを精査し、教頭とも連携しながら上記①～④までの組織を構築できるよう一つ一つ立て直していくことです。そうでないと、教務外の仕事に振り回される悪いループから抜け出せません。

2　指導力不足にかかわる問題解決

学級崩壊を引き起こす教師の問題点には二つあります。

一つは、単純に教員の力量不足に原因があること、もう一つは、学年会がしっかり機能していないことです。

若手の教師がよい形で成長していくための基盤として、学年会や学年の意識が、実はとても大事なのです。たとえば、うまくいっていない子どもや保護者対応が必要な学級があれば、（どんなに忙しい時期であっても）学年会としてしっかりミーティングを行う時間を確保しなければなりません。

こうした問題を学年内で対応すべきか、別の組織に連絡を入れて対応するかといった精査は、本来学年主任の仕事です。たとえば、学級担任の経験不足に原因があるのだとしても、学年主任に対応する力量が備わっていなければ、学年会そのものが単なる行事計画などの連絡会になってしまっているということです。すると、やはり教務主任が出て行かざるを得なくなります。

3 長期的な作戦を立てて、指導・助言に臨む

生徒指導上の問題や指導力不足教員の問題対応に非常に多くの手間暇が割かれてしまうことが、「教務は激務」「ものすごく大変」の大きな理由です。そうかといって、「それは生徒指導主任の仕事です」「学年会で対応してください」と突っぱねてしまえば、問題は深刻化するし、巡り巡って自分自身に返ってきて、結局は余計に大変な思いをしてしまいます。

ですから、現実を踏まえた上で、長期的な作戦を立てて、指導・助言に臨むことが必要なのです。最初のうちはきついですが、しっかりと機能する組織を確立できれば、（長い目で見れば）教務主任本来の仕事に最適化されるのです。

指導するということと人を育てるということ

中には、「あれは駄目」「これも駄目」とダメ出し基調の指導・助言をする方がいますが、これはもう最悪の指導だと言えるでしょう。言われた本人は、ただただ腹立たしいばかりで、自分から何かを変えようとは思わなくなります。

発想を逆にすればよいのです。いままでの考え方なり、やり方を否定するのではなく、むしろ積極的に肯定しながら、その人の持ち味を引き出していくのです。

たとえば、教師が何かプランをつくってもってきたら、まず「このままでいい？もっとやりたいことはある？」と聞き出す。「ある」と答えたら、「その課題解決のために何が必要だと思う？」と尋ねて、その教師に原因を言ってもらえばよいのです。原因が整理されたら、「じゃあ、今度の提案の前でいいので、ちょっとアイデアを加えて部会に出しておいてね。私としては、うまくいくように援護射撃するから、一緒につくろう」ともちかければ、お互いに気持ちよく仕事ができます。

趣旨は同じであっても、かかわり方一つで、人はネガティブにもポジティブにもなります。だからこそ、**教務主任は、教師をその気にさせて、舞台に乗せ、その教師自身が舞台を演出していける力量を身につけられるようなかかわり方をしていかないと、本当の意味で教師は動いてくれないし、彼らの成長を見込むこともできない**のです。

周囲の先生方の力を借りようとせず、「何でも自分で」と抱え込んでしまう教務主任は、鵜飼いのように仕事をこなそうとして、結局自分が鵜飼いの鵜になってしまう。本人はよかれと思ってやっているのでしょうけど、これは残念なアイロニーだと言えるでしょう。当然のことながら、それでは組織のもつ強さは発揮されないし、肝心の人が育たないのです。

効果的な指導・助言を行うための3つのチャンス

1　まずは学級の実態を把握する

まず一つめのチャンスは、問題の背景にある学級の実態や原因の芽を探る（感じ取る）ことです。

第2章でも紹介したように、まずは学級の実態を把握することです。すなわち、教室の施錠の際に教室をよく観察することがポイントになります。

学級崩壊を引き起こす学級には、教室の中に何かしら乱雑さというか、調和がとれていないようなにおいがあります。たとえば、学級内の掲示物や収納物が整理されていないといったことです。逆に、いい学級では、巡回するたびに教室がだんだん育っていることがはっきりと感じられるものです。

だから、教室を回っていく中で、学級の状況をつぶさに観察していくこと。これが実態を把握する上でとても大切です。

教室には、「あれ？　もしかしたら、この学級はうまくいっていないのでは？」という原因が隠れています。犯罪捜査の格言に「現場百編」とありますが、まさに教室環境こそが、その学級を知る現場だということです。

教室巡回のほかにも、清掃時間も見所です。学級担任では目の届きにくい子どもたちの人間関係や、学級内のルールが確立（遵守）されているかをつかむことができるからです。校庭や昇降口などの清掃に当たっているときの状況を見ると、学級の中の人間関係がうまくできていないとか、ルールがちゃんとできていないところの清掃は、やはりガチャガチャです。

逆に、学級担任の目の届かないところでも、しっかり清掃に取り組んでいる子どもたちを見れば、「やっぱりあの先生の学級か」とわかるわけです。

清掃活動一つにしても、張り合いをもって、やりがいをもってやっている学級なのか、やらされ感いっぱいで教育活動とは言い難い学級、もっといえば、目を離せばサボるといった風土が染み込んでしまっている学級なのかがすぐにわかるのです。

これも2章で紹介した例ですが、補欠授業なども学級の実態を探る手掛かりとなります。

学校の1日というのは、滞りなく授業が組まれていることで成立します。しかし、現実には、出張でA先生が不在ということがあります。このとき、補欠をどう組むかが、教務主任のとても大事な仕事になります。

インフルエンザでB先生が病欠というように、突発的な不在である場合には、すべての授業を埋めることができない場合もあります。このとき、空き時間の教師にお願いすることもあるし、教務主任が出向くこともあります。私の場合には、その教室の自習監督に行ってもできてしまう仕事があれば、率先して自習の学級に入っていました。

なぜかというと、自習の状況を見れば、その学級の状況がとてもよくわかるからです。学級担任にもよりますが、多くの場合、自習の課題はだいたい早く終わるように組まれています。早く終わったら、その学級のルールとして、たとえば本を読むとか自主学習をするということが身についています。

自習の課題がなくなったあとの子どもの動きを見ていると、その学級が学ぼうとする子どもの集団であるのか、そうでないのかがよくわかります。前者であれば、課題はさっさと終わらせて、「係のやり残したことをやっていいですか？」と聞きに来たりします。後者であれば、課題を早くやろうとしないばかりか、むしろだらだらやって、授業時間が終わるまで課題をやっているふりをします。

給食指導時も見どころ満載です。

たとえば、給食指導の際には、通常は危険そうなところに教師がつきますが、そのときに、子どもたちに尋ねてみます。

「A先生の代わりに今日は私がやるから、いつもはどうやっているのか教えて」

すると、給食指導をしっかりやっている担任の学級であれば、「ああして、こうして」と子どもが事細かに教えてくれます。そうでなければ「うーん、先生は机のところにいつもいて、何かやっているよ」といった答えが返ってきます。「なるほど、だからか」と合点がいきます。

今度は、「いただきます!」と食事をはじめたら、さらに尋ねてみます。

「普段の学級の様子はどう? 楽しい?」

「授業中におしゃべりしたりする?」

食べている最中は、子どもたちは割とリラックスしています。よくしゃべるので、「うん、しているよ」などと本音が漏れます。

まさに、有用な指導・助言をするためには、あらかじめ実態をつかんでおくことが大きなポイントになるのです。

2 指導・助言には、それをするのにふさわしい時機がある

チャンスの二つ目は、「せっかちでは駄目だ」ということです。

たとえば、学級の悪い実態をつかむと、早く指導しなければと、その学級担任を即座に呼んで、「A先生のやり方は問題だから改めたほうがいい」「B先生の学級は荒れているんじゃないですか?」と口にしてしまう教務主任が時々います。

これはもう絶対に駄目。「百害あって一利なし」です。突然呼び出されて、説教されて、すぐに改められる力量があるくらいなら、その教師は最初から学級を悪い

状態のままにしておきません。

そもそも、できていないことをできるように改めさせるわけですから、手間暇がかかるのです。しっかり作戦を練って粘り強くかかわっていく必要があります。すなわち、**一口に指導・助言と言っても段階がある**ということなのです。

そこで、私は次のような種を蒔いていました。

普段から演出して、先生方から相談されやすい雰囲気を醸し出していました。悩んでいる教師の悩みをさりげなく共感的に受けとめるオーラを出すということです。そして、放課後にお茶を飲んでいるときとか、飲み会などの席で、雑談まじりに、「自分が若かったころは、○○の指導が難しかった」と自分が一番駄目だった失敗談を披露するのです。しかも、教室巡回や清掃の視察、補欠授業や給食の時間につかんでおいた先生方の学級の課題に近い話題を選んで話をします。

すると、当然のことながら先生方の耳がぴくっと動きます。自然と「先生でもそんなことがあるんですか」という反応になります。「それはそうだよ」と答えると、ほっとして、「この教務主任に相談したら一緒に悩んでくれるかもしれない」と思ってくれるようになります。

日ごろからこうした種蒔きをしているからこそ、いざというときに「どうすればいいのですか？」と聞きにくるようになるのです。ここが指導・助言のチャンスです。

「私の場合にはこうやっていたけど、そう簡単ではないよね。ただ、こうすると効果があったな」と一例をあげるように助言すれば、「なるほど」と素直に受け取ってくれます。

すなわち、**「教務主任である私から」ではなく、「問題を抱えている相手の教員から」相談をもちかけられるようにする**ということです。

（これは教師に限らないと思いますが）自分がある一定以上の地位・立場になると、「自分のかつての弱点を知られたら、自分の株が落ちるんじゃないか」などと思いがちです。だから、あまり言いたがりません。しかし、若手教師にしてみれば、そうした情報ほどほしいのです。だから、むしろ自分から積極的に話をしてしまったほうが真剣に耳を傾けてくれるし、親しみと信頼にもつながるわけですから、いいことずくめです。

「子どもに腹を立てるな、来た道だ」

昔からよく言われることです。これは教師に対してだって同じなのです。「教師に腹を立てるな、それだって自分が来た道だ」

力量のあるベテランの立場から教師を指導する際には、「自分だってできなかったじゃないか」という目線でかかわれるかどうかで、その指導効果に天と地ほどの差が生まれます。

なお、最も駄目なタイプは、自分がやってもいないのに、やったような顔をして、自分の都合のよいところだけを話すことです。たいてい見抜かれて、信頼どころか敬遠される原因を自らつくり出す（墓穴を掘る）ので注意したいところです。

3　「機は熟した、ここだ」というタイミングで指導する

チャンスの三つ目は、タイミングを見逃さないということです。

学級の状況をつぶさに観察していれば、学級担任がどんなことで悩んでいるかおよそ検討がつきます。しかし、（いじめなどのように緊急対応が必要な場合でなければ）すぐには指摘したり相談に乗ろうとはしません。

たとえば、学級が思うようにいかなかったが、それでもなんとか一つの学年を乗り越えて次の学年に行ったという場合であれば、その教師は授業参観や懇談会で悩んでいるはずです。このようなときこそ、指導・助言のタイミングです。

次のような雑談を交えて話題を振り、その教師から自分の悩みを切り出すように

促します。

「今度の授業参観はどうするか、何か考えてあるの？」

「一応、考えてあります」

「それはすごいね。私が君と同じくらいのときは、なかなかうまくいかなかったんだよね…」

すると、「実は学級経営で迷っていることがありまして…」といったことがぽろっと出てきます。

本当は助けてほしいけれど、「助けて」とは、なかなか言えないものです。自分がうまくいかないことを話すのはとても勇気がいるものです。そうかといって、上司や先輩から先回りされて根掘り葉掘り聞かれるのも嫌なものです。

一方、話の流れで上司や先輩が「自分はうまくいかなかったのだけど…」と水を向けてくれれば、自分がうまくいっていないことを告白しなくても、課題解決の糸口をつかめるのです。

「学級経営にはこんなやり方もあるよ。参考になりそうだったらやってみるといい」

一つのやり方を押しつけるのではなく、相手に選ばせるようなアドバイスにするのです。これが教師に聞く耳をもたせるポイントだと言ってよいでしょう。

ほかにも、課題のある教師が、年次研や校内研などで研究授業をもったときなどもよいチャンスです。自分の学級がうまくいっていないと、自分でも気づかないうちに教師の強い力でルールをつくろうとします。これがうまくいきません。ただでさえうまくいっていない学級が余計にうまくいかなくなります。

研究授業の日が近づくほどに、子どもから反発されるようになります。さらに、ここで子どもの反感を力で押さえ込もうとすれば、今度はその反発心が内に籠もってしまい、子どもを無口（無反応）にさせます。

そもそも、日ごろの授業を通して子どもを育てるのであって、普段の姿ではない姿で勝負しようとしてもうまくいきっこありません。ぶっつけ本番でうまくいくほど授業は甘くないのです。そこで、こうした教師に対しては次のように助言します。

「無理は禁物。いいんだよ、普段のとおりで」と言います。「うまくいかないからこそ、研究授業をし合って、みんなで勉強しているのだから」

うまくいかず気負いすぎている教師ほど、教務主任のこのような励まし（助言）はすっと心に染み込んでいきます。

「まずはこのあたりから手をつけてみたらどうだろう」と、授業をつくるプロセスを一緒に考えながら相談を積み重ねていくアプローチです。

ほかにも、通知表に書く記述欄の言葉の遣い方であれば、次のように指導・助言します。

「私は実は○○という本を参考にした」
「こういういい回しはとても便利だった」
「自分にないものを補うようなものが、探せばあると思うよ」

こうしたタイミングで指導・助言するのは、単なるハウツー的なやり方ではなく、子ども観、教育観を伝えるよいチャンスとなるのです。

たとえば、私の経験上、学級崩壊を起こしがちな教師には、一定の共通点があります。それは、次のような指導観です。

子どもに指導する際、「できて当たり前」という尺度で臨んでいる。

この指導観をもつ教師の意識の根底には、「なぜ、こんなこともできないの？わからないの？」という意識が常にあります。だから、ついそれと気づかずに子どもに接してしまうのです。

たとえ直接的な言葉でなくても、このような教師の態度を子どもは見逃しません。「先生は、自分たちのダメなところばかり見る」「がんばっているのに、先生は絶対認めてくれない」というマイナスの感覚を積み上げていってしまいます。このような自己有用感の低下と教員への不信感が、学級のまとまりを阻害し、いずれ崩れていく要因となります。

私はかつて次のような話をしたことがあります。

「子どもには、できないことがいっぱいあるから、教えてあげられることもいっぱいある。だから、教師は飯が食えるんだよね」

たとえば、保護者にしてみれば、自分の子どもは何ができないのか、およそわかっています。だから、保護者が「うちの子は○○ができない」と思っていることのうち、できる可能性が生まれたら、「できそうになりました」と褒める。そうすれば、子ども自身もやる気になるし、「よく見ていてくれている」と、保護者も教師を信頼するようになります。

もちろん、できる見込みもないことをできたかのように書くのはNGです。さらに、できる可能性を見取っていたにもかかわらず、「こういうところはもう一歩です」などと書けば、読むほうは「この先生も同じか」と冷たく受けとめます。

通知表の言葉かけは、できなかったことを子どもがどう乗り越え成長しているのか、子どものがんばる姿を表現することです。まさに、言葉がけ一つで印象は180度変わります。

子どものがんばりと成長を支援していくのが教師です。こうした子ども観、教育観を、通知表への助言を通して理解してもらうことが大事なのです。結局、研究授業に対するとらえも、根底はみな同じなのです。

それからもう一つ、懇談会や研究授業なども、学級経営に関する指導・助言を行うチャンスです。

たとえば、懇談会や研究授業では教室がオープンになりますから、当番表や係分担表といった教室の掲示物を外部の先生方が目の当たりにします。すなわち、自分の学級のすべてが見られるわけです。

だから、もし「発言する人調べ」という掲示があれば、どの子がよく発言し、どの子があまり発言しないのかが、正の字でわかってしまいます。「忘れ物調べ」という掲示物であっても同様です。忘れ物が多い子が一目でわかります。

このことは、子ども自身の受けとめにもかかわってきます。

子どもは日常的に掲示物を見ています。すると、「Aちゃんは、いっぱい発言する子」だと子どもたち自身がよくわかっていますから、「Aちゃんが手を挙げたから、私はいいや」と手を引っ込めてしまうでしょう。こんな雰囲気を、知らず識らずのうちにつくってしまっているわけです。

そこで、授業研究の機会をとらえて、次のように促します。

「これを機会に教室掲示や学級のことを考えてみませんか?」

「何人もの先生方が教室に来るわけですから、掲示物一つにしても、普段、子どもはどのような気持ちで掲示物を見ているのだろうという目線で考えてみませんか?」

ここが非常に大事なところで、まさに、参観日や研究授業は、学級経営を絡めて具体的に指導できるよいチャンスなのです。

あとはついつい、勉強のできるAちゃん、友達との関係づくりが上手なBちゃんといった「できる子」と比較する文脈で、「子どもを励まそう」「子どもにハッパをかけよう」としていないかを、もう一度気づかせることです。他との比較は絶対によくないことだとわかっていても、意外にやってしまいがちです。自分ではなかなか気づけないことなので、教務主任が水を向けて上手に気づかせます。

結局、**教務主任が担うべき指導・助言とは何かと言えば、教育の原点に立ち返っ**

て、当たり前なことに気づかせることです。

「子どもが成長する芽を見いだして、それを伸ばす」この積み重ねが学級経営であり、毎日の授業であり、その延長線上に研究授業があり、参観日もあるということです。このような当たり前に気づかせることが、教務主任の果たすべき「指導・助言」の本質なのです。

教師のもっている持ち味が成長の芽になる

もう一つ、教務主任として、いつも心がけておきたいことがあります。それは、一人一人の教師がどんな持ち味をもっているか、どのような面で可能性を秘めているかという目線で接し、育てていくことです。これが、「指導・助言」の最終的なゴールとなります。

かつてとても印象深い教師がいました。それは、理科が大好きだったA先生です。A先生は、平たく言って、周囲から問題教員だと言われていた教師。「とにかく自分の専門教科である理科のことしか考えず、ほかのことはどうでもいいと言わんばかりだ」というのが周囲の受けとめでした。

A先生は理科室にしょっちゅう籠もっていましたが、ある放課後、理科室の施錠の際に、いつも理科室に籠もって何をやっているのかと尋ねてみたことがあります。すると彼は、今度、学習指導要領に、振り子や解剖の内容が新しく入ってくるのに、実験に必要な教材・教具がこの学校に一切ないと言うのです。そこで、私は突っ込んで聞いてみました。

「A先生は、どうすればいいと思う?」

「つくるしかないですね。だから、僕がつくろうと思います」

「具体的には何をつくるの?」

たとえば、解剖であれば、教師が子どもたちに解剖の手順を教えるのではなく、子どもがわからなくなったときに参考にする自作マニュアルがあればいいと彼は言うのです。さらに、手に入りやすくて解剖が一番成功する魚は何なのかを調べているのだ…と。

「ほおー。で、結論は出たの?」

「いろいろな本にはサンマと書いてあります。でも、僕は小アジがいちばんいいと思ってるんです」

「じゃあ、やってみたら」と私が言うと、「え! 勝手に進めてしまっていいんですか？」とびっくりした様子でした。自分がほかの教師からどう思われているのか、何となくはわかっていたのでしょう。

後日、A先生は市場で小アジを買ってきて、解剖の授業を実際に行いました。「すごいな、こんなことを考えている初任の先生は、はじめて見たよ」私は彼にそう伝えました。そして、彼と一緒に考えながら、もてる可能性を伸ばしていこうと決めたのです。

正直なところ、私の経験からいっても、「A先生は、ほかのことは一切駄目だから、これはもう理科で一点突破していくしかない」という気持ちでした。当時の校長からも、「A先生は駄目だ、どうにもならない」などと言われました。それに対して、「いえ、校長先生、それは違います。彼はすごいものをもっています」と言い続けました。

実際、A先生は、大好きな理科の授業であっても、最初のうちはまったくうまくできませんでした。周囲からの評判が悪かったのも、無理からぬことだったと思います。

しかし、試行錯誤してつくりあげた自作教材が、一つ、また一つと増えていくにつれて、少しずつ授業が変わっていく様子を垣間見ることができました。何より、彼の授業を受ける子どもが、「A先生の授業はすごくおもしろい」と言いはじめたのです。このころになると、A先生の授業への周囲の評価がおもしろいように変わっていきました。

すると、今度は、周囲のことなどまるで眼中にないように見えた彼が、ほかの先生に対して、「今度、こういう教材をつくってみたのだけど、どう思いますか？」などと積極的にかかわっていく姿に変わっていったのです。

3年後、その学校は関東甲信越理科大会の会場校になります。A先生は、大会運営のリーダーの一人にまで成長していました。彼は私と一緒に植物観察園をつくるなど、学校全体に対しても目配り心配りができるまでに育っていたのです。

私が最初に彼と理科室で話をしたとき、周囲からのマイナスの評価は、むしろ彼の持ち味なんじゃないかと仮説を立てました。そこに成長の芽を感じたからです。いわば、周囲を顧みない彼の教師らしからぬ変わった言動は、理科への真剣な姿勢の裏返しだったわけです。つまり、駄目な教師などではなく、不器用な教師だったということです。

自分の持ち味が認められたことで、一所懸命授業をがんばったら、子どもたちから「おもしろい」と言ってもらえた。その評価が教師としての自信につながり、今度はその自信が周囲に対する積極性につながっていったという話です。

大切なことはよい方向へ変われるきっかけを与えること

もう一つ、大きく成長を遂げた教師のエピソードを紹介します。

教務主任時代ではなく、学年主任・研究主任としてのかかわりですが、教務主任としても参考となるわかりやすい事例なので、あえて取り上げます。

6年のある学級の話です。あるとき、校内バスケットボール大会に優勝したことで、対外試合に出かけることになっていました。そのため、その日は集合時間に間に合わせるために、いつもより早く給食を済ませる必要がありました。

学級担任のB先生が引率して子どもたちが出発した後に、教室の様子を見にいくと、給食の片づけがまったくできていませんでした。それはもうグチャグチャ、ガチャガチャ。仕方がないので、隣の学級に頼んで片づけを手伝ってもらいました。

最初は「試合に間に合うよう早く出発することしか頭になかったんだな」と思ったのですが、しばらく経って「いや、ちょっとまてよ」と思い直しました。「もしかしたら、ほかの面でもそうなんじゃないか」と気になったのです。

　B先生の専門教科は体育。そのため、体育の公開授業しか観たことがなかったので、あるとき「普段はどうかな」と思って授業を観に行きました。すると、教育活動として授業が成立していない光景が目に飛び込んできたのです。

　体を動かすことはできているのですが、ただ動いているだけ。教師の話は聞くし、指示にも従う。しかし、子どもたち同士で協力し合う姿がまったく見られない。彼の得意な体育の授業でさえそうなのですから、ほかの教科のことを考えると「これは、相当まずいな」と思いました。

　そこで、私は、彼が研究授業を行う時期まで待ってから、声をかけることにしました。

「さすが、体育の専門性をもっているだけあって、子どもたちがみな、てきぱき動いているね」と私は言いました。「でも、子ども同士で助け合うとか学び合う姿が見えなかったなぁ」

　私がそう口にすると「えっ？」という顔をしました。彼のその表情に反感の色が浮かんでいないことを確認した上で私は話を続けました。

「たとえば、私は社会科が専門。社会科では、グループで協力し合って話し合う。

対話的な学習が子どもたちの学びを深める。国語でもそう。先生のほかの教科の授業ではどうかな。うまくいっている？　ちょっと不安な気がしたんだよね」

すると、自分でも何かしら課題に思っていることがあったのでしょう。どうすればいいか、いろいろと聞いてきました。その空気を感じとって、ここでは厳しくしっかり指導したほうがいいと判断しました。

「活動に学びがある、協力し合って学びが深まる授業はね」と切り出しました。「教師の指示に従わせて引っ張っていくだけの指導では実現できない。子どもの主体性を出発点に置くような授業づくりをしていかないと」と私は言いました。「よかったら、今度私の授業を観に来ない？」

しばらくして、自分の空き時間に私の授業を観に来るようになりました。すると、「やはり何かが違う」と感じたようです。

そんなB先生でしたが、驚くべきことに、彼はその後、メキメキと力をつけて校内の体育リーダーになり、県内の研究中心校に異動後も研究主任を任され、相当の実績をあげて県の指導主事を務めるまでになりました。

よく育ったものです。もし、対外試合のあったあの日、給食の片づけの様子に気づかなかったら、きっとB先生へのかかわりはもてなかったと思います。それにもし、指導するタイミングを見計らわず、せっかちに上から目線で説教していたら（対応を一つ間違えていたら）、少なくとも私との関係で前述のような成長はなかったでしょう。

ここまで、若手教師が変わったきっかけになった2つのエピソードを紹介しました。要約すると、次のとおりです。

①まず学級の実態を探り、教師をよく観察することによって、持ち味は何か、何を願い、何ができずに苦しんでいるかを感じとること
②感じとったことをベースに、その教師の身になって考え、変わるチャンス（タイミング）が到来するのを忍耐強く待つこと
③指導・助言するのに最適な時期が到来したら、期を逃さずに働きかけること（持ち味を認める、課題に気づけるきっかけを与える）
④その教師が本気で変わろうとしていることが見て取れたら、親身に一緒になって地道に仕事を積み上げていくこと

これが、授業者に対する教務主任のあるべき姿なのだろうと私は思います。

教務主任というのは、「管理職と現場の先生方の間に位置づいて」などとよく言いますが、その実態的な姿というのは、あみだくじのような組織図を遡る形で現場の意見を管理職にボトムアップするというものではないということです。

ダメ出しするのは簡単です。しかし、ある時期、いろいろなことがうまくいかない教師がいたとしても、「自分だって来た道じゃないか」というとらえが大切なのです。このようなとらえで、指導・助言という言葉の本当の意味を、自分の役割に照らし合わせて受け止め、本気で教師にかかわれるかどうかで、教務主任としての評価が１８０度変わると私は思います。

こうしたやりとりを、校長や教頭が行うのはむずかしいと思います。学校としてのビジョンを提示する立場である管理職は、「私も、ぜんぜんうまくいかなくってね」などと安易には言いにくいものです。学校全体の士気に影響しますから。

しかし、教務主任なら言えるのです。調整役としての一番の強みもここにあります。**校長や教頭の意に体しつつも、「いまのままでは、みんなはついてきません」と率直に意見具申するなど、状況に応じて目線を上げたり下ろしたりすることが可能な立場にいるのが教務主任**だからです。

教科用図書はどのタイミングで教師に配布するのが適切か

年度はじめの4月1日は、どこの学校でもだいたい校内人事です。他校からの人事も全部固まるので、通常であれば、ここで学年が決まります。

できるだけ早くその後の教育計画を固めていきたいですから、学年決めの次は、年間の主立った行事の確認、計画の確定などを行います。このようにして教育計画のアウトラインをつくっていくわけです。

その後、校務分掌が決まるので、分掌ごとに教師が集まって実際に仕事をしたりする際に、次のようなことが起きたりします。

たとえば、4月6日あたりに、学年割で入学式の準備をしたりします。そのために「いろいろな掲示物で校内を飾ったりしましょう」ということがあれば、6年生などに手伝ってもらいながら行います。ほかにも、「校務分掌上必要なことをやりましょう」と言って、教師用の教科書や指導書を各教室に配ったりもします。

仮に、4月1日に初任が入ってきたとします。あるいは若手教師でもよいのですが、4月になると、彼らはたとえ勤務日でなくても毎日学校に来るのです。なぜかというと不安だからです。

学年が決まった、学級も決まった、間もなく学級がはじまる、だから、少しでも早く教材研究がしたい、子どもたちのことをしっかりと理解しておきたいという願いをもっています。

しかし、4月6日の作業日を待たないと教科書が配布されないのであれば、初任を含む若手教員が一番やりたいこと、すなわち教科書を見ながら教材研究を行うことができません。すると、高いモチベーションをもって学校には来るものの、実際には手持無沙汰で校内をぶらぶらしているという光景に出くわすことになります。まさに受け手と送り手の完全なミスマッチと言えるでしょう。

それならば、年度の終わりごろには、次年度の教科用の教科書や指導書を配れる準備をしておいて、4月1日になったら連絡事項として、次のように伝えればよいわけです。

「新しい教師用図書を□□に保管しています。○日に確認に行きますので、それまでの間に各自、自己責任で必ず持っていってください。なお、もっていく場合は取りまとめを行っている教務主任の前の表に丸をつけていってください」

教務主任としても、教科書の担当者の人とあらかじめ打ち合わせをしておけば、「おお、来たか。教科書を持っていって勉強したら、大丈夫だよ」などと声をかけてあげることもできます。

崩れかけた学校の立て直しは、研究・研修から入るのが鉄則

あまり大きな声では言えませんが、「崩れかけた学校を立て直すには、研究・研修から入る」のが原則です。論理の展開としては以下のとおりです。

①まず何より、わが校の子どもをしっかり見て、その子どもたちの成長を願うことが大切
②一方、授業力向上が私たち教師の本務
③そのためには、私たちの専門性を上げていくことが必要
④だから、私たちは子どもの成長を願い、日々の授業はどうかを考えていくことが大切
⑤その授業に課題があるのであれば、「何をどのように変えたらいいのか」を考え、実践していくことが大切

このように、逆算で投げていくことが、実は学校を活性化する最もいい近道なのです。

どちらかというと、困難校こそ研究を一生懸命やろうという先生が集まっているというのが事実のようです。だから研究校などでの実践を参観すると、落ち着いた住宅地というよりも、学業的にはいろいろと課題があるような下町の学校のほうが活気があります。それはやはり必要性を超えた切実さがあるということなのでしょう。

第4章

先手を打って、教師の仕事をやりやすくする

「校務」と「教務」

学校の仕事は、すべて「校務」と呼ばれます。このうち、教務主任が担うべき仕事とは、言うまでもなく「教務」です。しかし、「数ある校務のうち、どの仕事が教務に含まれるのか」と個別に問われると、意外と返答に窮するのではないでしょうか。

現実の場面で職務を遂行する上で、その仕事が教務と言えるのか、判断がつかないことはよくあることです。それは、状況によって流動的であり得るからです。それがために、管理職に対してであれ、教職員に対してであれ、「この場面で、私はどこまで口を出してよいものなのか」と迷うのです。

私はかつて、当時の教頭先生から次のように言われたことがあります。

「ある仕事が、教務なのかそうでないのか、判断に迷うことがあったら、『授業』につながる仕事と、『子どもの指導』につながる仕事については、すべて教務と考えればいいでしょう。逆に、双方につながっていかない事柄であれば、それは教務ではないということです。そう考えても迷うことがあったら、私に相談してくれれ

資料　校務と教務の関係

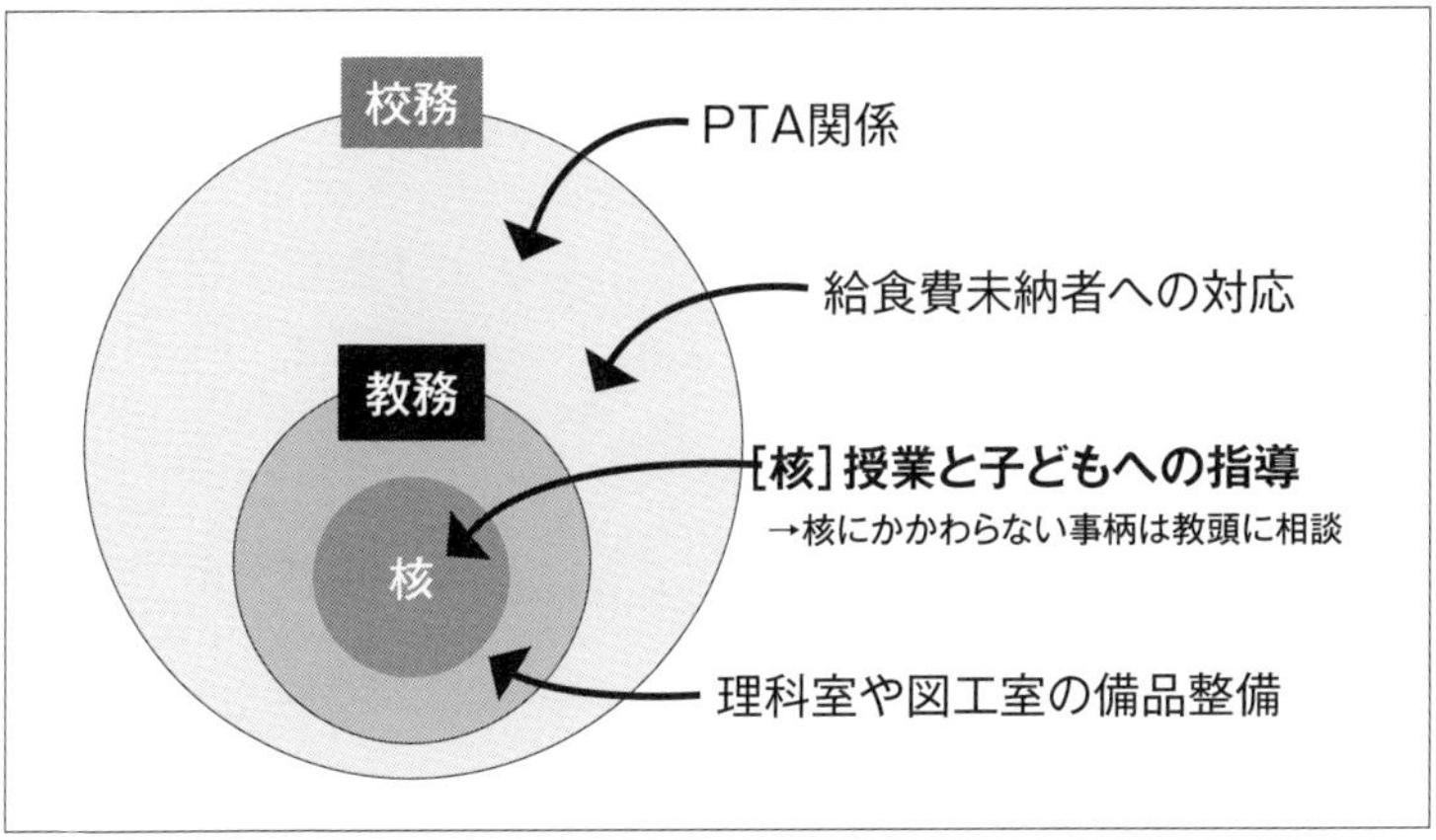

ばいいですよ」

　たとえば、給食費の未納問題などは、程度の差こそあれ、どの学校でも抱えている問題だと思います。このとき、未納者に対して「給食費を支払ってください」と督促する仕事は教務でしょうか？　校務には違いありませんが、どう考えても授業や子どもの指導につながっていくものとは言えないでしょう。このように考えれば、たとえばＰＴＡの会計業務なども教務とはいえません。

　では、理科準備室の備品整備についてはどうでしょう。迷ったら、自分に問いを立ててみればよいと思います。

「理科準備室の実験道具の多くが壊れてしまっていたら、理科の授業は充実するだろうか？」と。

当然のことながら、授業の充実など見込めるはずがありません。だから、その仕事は教務であることがわかります。言われてみれば、「そりゃ、そうだよね」という話です。このように、すみ分けて考えればいいのです。

他方、理科準備室の備品整備のために学校予算を組むという仕事であればどうでしょうか？

これはなかなか悩ましい問題です。学校によって考え方に差異があろうかと思いますが、少なくとも授業で使用する教材、理科室の整備や備品などに関する学校予算の束ねは、すべて教務だと考えてよいでしょう。

ここでいう教務とは、学校予算を組む仕事ではありません。学校予算を組むに当たっての「束ね」を行うということです。ですから、廊下の修繕などに係る学校予算については、教務とみなさないと考えることができます。

この場合の「束ね」の流れをまとめると、次の3つに集約することができます。

①備品などについては、教科主任などに働きかけて、実態を調査する。
②調査の結果、必要なものを集めてリストにする。

③リストの中でどれが一番必要なのかという重点をかけて、予算化するよう教頭や事務主任に働きかける。

この①〜③を行うことが束ねであり、学校教育法施行規則に定める教務主任の「連絡調整」にほかなりません。そこで、この考え方をベースにして、もう一度学校の仕事全体を見渡し、「これは教務だ」「これは違う」と自分なりに峻別していくことです。迷ったら教頭に相談。すると、次第に「この学校で本当にやらなければならない教務の仕事は何なのか」が見えてきます。

「三無」を見つけて取り除く

学校全体の教育力を引き上げるためには、教務主任として取り組まなければならないことがあります。それは、学校現場に巣くう「三無」を見つけ、取り除くことです。

私が教務主任時代、いつも気にかけていたことが、この「三無」の発見と解消でした。それは次の３つです。

①無理なこと
②無駄なこと
③無計画なこと

1　無理を放置すると、次のさらなる困難な無理を呼び込む

まずは、①の「無理なこと」です。

教務主任の大事な仕事の一つに教育計画の立案があります。この教育計画の中で最も大事なのが、年間の授業計画です。年間の指導計画は、1年のうちどれだけの授業可能時数を確保できるかがベースとなります。

このとき、授業時数の確保に対して考えなければいけないのが、学習指導要領に定める標準時数との関係です。

年間で授業可能な時間がすべて授業時間に充てられるわけではありません。特別活動に位置づく学校行事や短縮などを差し引いた時間数が授業可能時数となります。このとき、標準時数を上回ってさえいればいいなどとは決して思わないほうがよいと思います。その差異が数時間程度であれば、間違いなくトラブルが生じます。す

なわち、標準時数との関係から見て、その時数にどのくらいの余裕があるかが非常に大事になってくるのです。

これが①の「無理」に含まれる1つです。

では、どれくらい標準時数を上回っていれば妥当かについては、前年や前々年の事例から逆算することで、およそ見当がつきます。

たとえば、台風や地震といった非常災害、インフルエンザなどによる学級閉鎖が、前年や前々年にどれくらいあったのかということです。特に非常災害の場合には、南北に細長い日本列島ですから、北海道と沖縄では考慮しなければならない災害の種類や、その被害の程度、発生時期は大きく異なります。

それらの影響により、授業可能時数からどれくらい差し引けばよいかを考慮して毎年計画を組むわけです。ここで、よく陥りがちなのが、各学校が想定する時数の遊びを少なく設定してしまうことなのです。

遊びが少なくなる理由の一つに、「授業時数は多いほどいい」という思い込みがあります。

多くの教務主任は、何とかして授業時数を増やせないものかと頭を悩ませます。もちろん、悪い考え方ではありません。授業を充実するためには、一定量の時間数が不可欠だからです。

しかし、授業時数を増やした分は、当然ながら各教師が負担します。適切な増加分ならよいのですが、増やすことばかり考えていると、自分でも気づかないうちに、負担分を水増ししてしまうことがあるのです。これは、当然のことながら妥当なこととは言えません。

年間の授業時数は、増やすという考え方ではなく、無理を取り除くという考え方で確保するのが望ましいのです。

年間の可能な授業時数の中から、控除せざるを得ない時間を明らかにします。たとえば、一口に学校行事といっても、学校には、学習指導要領に定める学校行事なのか否かがはっきりしない行事がたくさんあります。そうした行事などが本当に必要なのかをしっかり見極め、無駄を省くように計画します。

すなわち、進め方としては、授業時数を増やすことよりも、まず無駄を省くことを考え、それでもなお足りない部分があるなら増やすという考え方です。無駄に目を向けないで増やすことばかり考えていくと、さらなる困難な無理を呼び込んでしまうことになります。無理が無理を呼ぶのです。

ですから、年間の計画の中に無駄はないか、その無駄は教師に無理を強いることにならないかを常に考えていくことが非常に重要です。

さらに、学校の教育活動の中には、無計画という部分もあります。一番多い例をあげると、同じ時期に行事が集中している、雨が多い時期に体育的な行事が組まれているといったことが、無計画に当たります。このように考えると、全体としての時間数の帳尻を最終的に合わせるだけでなく、時期的・季節的な要素を含み入れた計画性も大事になってきます。

このように、教師に無理を強いる無駄や無計画な教育活動を取り除くことを念頭に置きながら、新たに考慮すべきこと、改善すべきことを考えていくのです。そうすると、いままで見逃していたところにこそ改善する余地があることに気づきます。

2　学校に蔓延しがちな三無をどう取り除くか

三無を見つけたものの、いったいどうやって取り除いていくか。これはなかなか厄介な問題です。基本方針としては、各種の連絡協議会をうまく使う、組織化することだと思います。

たとえば、学年主任会という組織をつくることも一案です。通常、学校には運営委員会が設置され、職員会議などの前に、煮詰めるべきことを事前に話し合っておくという通例があります。

校長、副校長・教頭、教務、主幹、それに学年主任あるいは関係する生徒指導主任や保健主事などが集まって行う会議があります。それとは別に学年主任会を設けます。この会では、運動会や学芸会や遠足行事などの約束事を決めることが主たるミッションとなります。

それ以外にも、学年経営案、学級経営案をしっかり機能するようにすることも重要です。

いまのままでいいのか、改善すべきことは何かというのは、やはり学年・学級経営ですから、学年主任の意見を反映させていくことが非常に大事になってきます。

保護者会なども、学年、学級、いろいろ考えたときに、どの時期にどういう意味合いの保護者会が必要なのかという声を聞く、あるいは通信票などを、どういうふうにしたらいいかという声を聞く、ということです。このように、各学年の先生方の声を吸い上げながら横の会議を機能させれば、学年の向かうべきベクトルが明確になります。

もし、こうした事柄について、職員会議などで話し合おうとすると、直接関係のない教師が場違いな意見を言ったりして、場が白けることはよくあります。やはり該当者がぎゅっと集まってやったほうがいいわけです。

同じようなことでいうと、教科等の主任会も非常に重要です。それぞれの教科では備品等の充足状況はどうなっているか、不備があればそれを手当てする予算案をどのように作成するかを決める場にします。

このような会をもつことで、職員が一斉に取り組む作業のうち必要なものは何か、優先順位をどうするかについて、みんなでコンセンサスを得るといったこともできます。言うなれば、ベクトル合わせの会、横の会といったところです。

教務主任は、こうした会の、いわば束ね役となります。あくまでもベクトル合わせですから、決定までもっていく必要はありません。自由闊達な意見交換の場とし、決定は職員会議や管理職の決済に委ねます。具体的な形で「こういう方向で調整を図りました」と提案できますから、管理職にとっても判断しやすくなります。

あえて会を設けずに、教務主任が足を運んで、教師一人一人に「どうですか?」「不足はないですか?」などと尋ねて回る方法もあります。どちらがよいかは、学校組織の実情によって異なります。

いずれにしても、**教職員の意を汲み、計画を練り上げて**（調整して）、**管理職の判断を促すという一連の流れが、教師の目に民主的だと映ればよい**わけです。こうした流れを上手に束ねられるか否かで、教務主任への周囲の目が変わると言って差し支えないでしょう。

会を集うにせよ、個人的に打診するにせよ、先生方にもちかけるに当たっては、改善理由を明確にすることです。「こういう無理がある」「こういう無駄がある」「これは無計画になる」ことをしっかり説明する。その上で、「授業を充実する」「それは子どもの成長のためです」と目的をはっきりさせて、「だから、ぜひ改善していきましょう」という案配です。

さらに、「そうするためには、教師の授業力のアップが必要です」ともちかけ、「研究・研修の充実につながるよう、みんな知恵を出しませんか？」と促します。このような提案であれば、先生方にしっかり受けとめてもらえます。

裏時間が無計画を生み、若手の成長を阻害する

1　裏時間とは何か

無計画に陥る代表的な例として、隠れ時間、裏時間があります。

たとえば、校庭や体育館の使用に当たっては、それぞれ使用予定割当があります。

たとえば、校庭の使用予定である場合に、「雨が降ったら体育館に入れます」というふうに組まれるわけです。

晴れていれば、その時間、体育館が空いたままになるはずなのですが、「運動会当日までに足りない部分の練習をしたいから」という理由で、体育館を使用する学年がでてきたりします。（地域によって呼び名が違うかもしれませんが）これを学校現場では、「裏時間を使う」「隠れ時間を使う」と言います。

一見、効率的なように見えますが、むしろ逆の結果となります。というのは、校庭使用の時間と裏の体育館使用の時間を足すと、実質的にどう考えても計画した時数よりもオーバーする枠が組まれるからです。すなわち、この裏時間の使用を容認してしまうと、たとえば運動会の練習時間が無駄に多くなるという無理が生じるわけです。

この裏時間の使用の背後には、運動会の前に十分に練習させたいという教師の親心、「よくできたね」といってやれる満足感が潜んでいます。学年間の競争意識などもあるでしょう。

この裏時間のそもそもの問題点は、運動会の練習のために、何かほかの授業をつぶしていることにあります、ベテラン教師であれば、うまく帳尻を合わせて授業進度を整えるのですが、若手教師の場合そうはいきません。

若手教師は、そもそも力量不足で、まだ要領が悪いわけですから、1年の授業内容を終わらせるのにいっぱいいっぱいです。それなのに、ベテラン教師の言うなりに裏時間を使われてしまうと、若手教師たちは授業をうまく進行させることができません。

その結果、若手教師の学級では、子どもたちの学力保証が思うようにいかず、場合によっては保護者から苦情が出る直前ぐらいになったりするわけです。ですから、運動会の裏時間などにもしっかり目を光らせていくことが、若手教師への対応のみならず、学校全体の教育活動の充実につながっていくのです。

ほかにも、裏時間は、林間学校や自然教室の準備時間にも隠れていたりします。裏時間の横行は、結局のところ、学校にとって肝心な授業を手薄にしてしまうことに最大の問題があります。

2 本当に考えなければいけない一番大事なこと

「体育の授業にせよ、運動会やその準備にせよ、天候に左右されやすく、可変性が高い」

「だから、見通しを立ててしっかりつくったと思っても、そのとおりにいかなくなる場面がある」

このような文脈で考えてしまうと、裏時間のような、ダブルブッキングが生まれてしまうのは致し方ないことのように見えます。

しかし、それは、誤りです。なぜなら、そこには「本当に考えなければいけない一番大事なこと」が抜け落ちているからです。

たとえば、運動会の充実は、運動会に向けての準備や練習によって実現することなのか、ということです。もちろん、そうではありません。体育的行事である運動会は、「体育の授業の成果発表である」という考え方が抜け落ちているのです。つまり、運動会が近づいてきたから練習をいっぱいして高めようとする考えそのものに問題の根があるということです。

「平素の体育授業の積み重ねが運動会の教育効果を高める」そうした考え方に意識を変えていければ、「運動会でうちの学級の子どもたちを活躍させたいから裏時間を使って練習量を増やそう」などとは思わなくなります。

徒競走の練習をしてもいいし、行進の練習をしてもいい。そのねらいとするところが明快になっていれば、運動会直前になって慌てて行進の練習をさせる必要もなくなります。たとえば、朝会後に校庭から退場して教室に入るという行動を運動会での行進の練習に見立てて行進ルートを決め、年度のはじめから朝会の計画に組み込んでしまえばよいからです。

なにもむずかしい話ではありません。**普段からやっていないことを突然やろうとしても、けっしてうまくいかないし、教育的効果も期待できない**、ということです。

3　裏時間はなぜなくならないのか

結論から言うと、ベテランの先生にとってみれば、裏時間はありがたいものだからです。

たとえば、「学級で書き初め展を開催！」などといって自分の教室の前に貼り出す教師がいます。中には、競争心のようなものをもつ人がいます。普段の授業より、そういうときに限ってがんばってしまうような教師です。写生会などでも「さすが○○先生ね」と言われたいばかりに自慢げにやっています。

授業のほうはというと、授業の研究授業などは、できるだけ授業を見せたがりません。なぜ、このようなことが起きるのかということです。

裏時間というものは、教師としての対面を取り繕うために設定される時間だからです。もし、このような慣習が黙認されると、次の学年にもちあがったときに、子どもたちが身につけるべき基本的なことが抜け落ちている実態が、教科に充てるべき指導時間の差で如実に浮かび上がります。

裏時間の容認は、学級間の教育力のバラつきを生み、ひいては学校全体の教育力を低下させてしまう怖れがあります。だから、問題なのです。

言葉にすると、とても当たり前のことですが、決まった時間内に教育目標を実現できる指導が何よりも大切だということなのです。

学校が悪くなるというと、何か大きな問題の突然の勃発によって生じると思いがちですが、もっと日常的に生じる目に見えにくい問題の積み重ねのほうがはるかに厄介なのです。それが、学級間格差、学級のバラツキです。こうした小さなほころびの一つ一つが、やがてあるボーダーラインを超えたところで、一気に大きな被害をもたらしてしまうのです。

このようなほころびは、裏時間のみならず、教育活動のあちこちで生まれる可能性があります。その一つに道徳の時間があります。

教務主任時代、私は先生方が道徳の時間を時間割のどこに組んでいるのかを必ず確認するようにしていました。どの時間に組んでいるかによって、その教師が道徳教育に取り組む姿勢をはっきりと読み取ることができるからです。

一番わかりやすいのは、朝礼の後に道徳の時間が組まれている場合です。その教師は、(こう言っては申し訳ないけれど) およそ道徳の時間に真剣に取り組む気はありません。

それはなぜか。理由は簡単です。

朝礼は、往々にして時間が延びます。それを見越して、時間割を編成しているからです。

道徳の時間は年間35単位時間しかありません。この授業時間の少ない道徳の時間をあえて授業時間に食い込みやすいところに割り当てるわけですから、当然国語や算数に比べて道徳の時間を低位に見ている、ということになります。

算数の進度が遅れると、テストの点数にダイレクトに現れるし、保護者からのクレームにもつながりやすい。だから、朝礼の後には置きたくない。おそらくそんな意識がその教師の念頭にあるのでしょう。だから、道徳の時間や特別活動といったテストの点数のように可視化されないものを犠牲にしようとします。

人間関係をつくる上で、集団活動は非常に重要です。道徳にしても、自分の道徳性、あるいは学級のみんなで道徳性を高めていくという、人格形成の要になります。

そういったところが弱くなってしまう。すると、どこかの学年でそういう学習が抜けた子どもたちが、学級の中に混ざってしまうことになります。

逆に言えば、朝礼の後に国語や算数を置いている先生は、道徳の時間を大切にし、自信をもってやっているということです。

もちろん、教務主任としては、朝礼を延ばさないように配慮しなければなりませんが…。

4 無理がたたるから無駄になる、無理を押し通そうとするから無計画になる

普段からの教育活動の積み上げを大切にしていくためには、1日の日課表や週日課の位置づけと、年間を通してどういう週日課を運営していくのかもたいへん大事になってきます。

たとえば、朝は計算ドリルや朝読書、漢字の書き取り。それでもいいのですが、私の感覚でいうと、お話朝会やミニ集会、体育朝会や運動会の行進や集団行動などを年間を通して指導することの意義や価値は計り知れないと思うのです。

もし、学力向上の名のもとに、「算数をやりましょう」とか、「英語のモジュールを入れましょう」と言って、これまで上手に運用してきた行事的活動を安易に削

ってしまうと、いままでうまく回ってきたところにひずみが生まれます。

学校や学年単位で担ってきた活動が削られるということは、学級単位で担うことになる、すなわち、教師一人のマンパワーでこなしていかなければならなくなるということを意味します。それで「はたして、1年間の教育活動を回していけますか？」ということです。

こうしたひずみが大きくなると、いずれ行進一つにしても、運動会が近づいてから、わざわざそのための時間を設定しなければ子どもに身につけさせることができないという主客転倒が生まれます。

学校というところは、「去年よりも質が落ちていますね」という話がもちあがると、「このままではみっともないから、やらなきゃいけない」という気運が生まれます。すると、なんとなく全体として、「それなら、特別練習を1時間増やしましょう」という流れになります。この発想が、子どもたちの成長という成果ではなく、教師自身のがんばりのほうが評価されるというところの怖さです。

無理・無駄・無計画というものは、無理なことは何なのか、無駄なことは何なのかと個別に切り離して考えられるものではありません。結局のところ、**無理がたたるから無駄になる、無理を押し通そうとするから無計画になるなど、相互に連関し**

ているものなのです。
そうであるから、三無をかんがえるとき、全体から見渡すことがとても重要になってくるのです。

5　学校評価結果を活用して裏時間を見つけ出す

どの学校においても、学校評価を行っていますが、その評価資料をどう活用するかということです。よく表にしたりグラフにしたりして資料化していると思いますが、配って読み合わせをして終わり、という学校は少なくないのではないでしょうか？

この資料のうち自由記述は、有効に活用できると思います。特に、隠れ時間、裏の時間のあぶり出しに利用します。つまり、アンケート用紙にどんなことが書かれているかが重要なのではなく、アンケート結果を材料にして（きっかけにして）、関係する教師にヒアリングを行うためだということです。「こんなふうにアンケートに書かれていましたけど、実際のところはどうなの？」という案配です。

運営委員会や職員会議などでは、隠れ時間、裏の時間という話は出てきません。たとえ直接的に尋ねたとしても、「みんなちゃんとやっていますよ」と返されて終わりです。

そこで、アンケート結果を使って、初任や臨任で来ている先生方のもとに行き、「どう、順調に授業は進んでいる？」というように声をかけるのです。「いえ、実は終わりそうになくて…」という話が出てくれば、裏時間があるのではないかと当たりをつけることができます。つまり、学校に内在する無理や無駄が明らかになるということです。

送り手と受け手とのミスマッチを解消する

かつて私が教務主任を務めていた学校で、三無を取り除くために、校長の力を借りて大改革を行ったことがあります。それは陸上競技大会です。

陸上競技大会には、学校が選出した代表選手を送ります。大会当日は授業日ですが、学校としてはその日の授業を進めることはできません。選手に選ばれた子どもたちは授業を受けないことになってしまうからです。これは、まさに無理の範疇となります。

そうすると、陸上競技大会の間は、ドリルをやらせたり、図書室の本を読ませることにならざるを得なくなります。授業時数にはカウントされますが、実質的な授業進度を進めるということには使えません。卓上の計画からは隠れて見えない歪みが生まれているということです。

当時の校長先生は、校長会長を務めるとともに、小体連の会長であったこともあり、最終的には校長先生の判断で「陸上競技大会はやめよう」と言って、その代わりに市民大会に組み込んでくれました。

年間の計画を考える際に、無駄がないか実効性の高い計画となっているかを吟味すれば、このような無理の取り除き方も現実的に可能だということです。

学校のスリム化は、機械的にはできない

平成10年に学習指導要領が改訂になる数年前あたりから、学校週5日制の議論と相俟って、しきりに学校のスリム化論なるものがもちあげられました。平成7年に発表された経済同友会の「合校」構想がきっかけとなったようですが、その一番のやり玉にあげられたのが学校行事で、特に運動会については、秋開催から春開催に移行する学校が数多くありました。

この移行の理由は、「先生方はみなまじめだから、準備にすごく時間をかけ過ぎてしまう」「5月開催であれば、学級づくりに時間をとられるので準備期間が少なくて済む」というもので、何となく違和感を感じさせるものがありました。

これまで述べてきたように、もし運動会当日や準備期間になんらかの無駄があるのであれば、それをなくすことで教育活動のコストパフォーマンスが向上します。しかし、当時の学校のスリム化論では、とにかく時期を移せば時間が稼げるといった機械的操作で対応しようという雰囲気でした。実際、学校のスリム化はそれほどうまくいかず、いったんは春開催にしたものの、数年後には秋開催に戻す学校も少なくなかったのです。

このような機械的操作がうまくいかないのは、「そもそも運動会をなぜやるのか」という教育的意義の吟味が、決定的に欠落しているからです。すなわち、「時間・コストを切り詰めたら、成果も落ちてしまった」典型的な例だといえるでしょう。

そもそも**学校行事に非効率な面があるか否かの判断は、教育計画とは何によって企図されるのかが判断基準になる**はずです。

教育計画の立案自体は、どちらかというと校長の担うべきミッションですが、教務主任の立場から考えた場合、たとえば、運動会の例で言えば、その学校にとって運動会をどのように位置づけるかが問われるべきだと思います。すなわち、運動会を地域への成果発表の場だと位置づけるのか、それとも子どもの体力向上のヤマ場だと位置付けるのかということです。

私が以前教務主任をしていた学校では、運動会の秋開催を死守しました。それには次の3つの意図があります。

①運動会は学校が一丸となって取り組む中核行事であるだけでなく、地域とともに行うことを伝統としていた。すなわち、「わが校ここにあり！」を地域に見せるのだという成果発表の場であると位置付けていた。

②運動会に至るプロセス。たとえば、応援団の結成・練習、委員会、係の連携、こうしたことを高学年が中心となりながら子どもたち自身でつくり上げていくという経験の場だと位置付けた。そのため、運動会当時にたどりつくまでの一定の指導期間が必要であるから、5月の開催というわけにはいかない。

③普段の体育の授業の積み上げの成果の場とすると位置づけた。すなわち、運動会を核にして体育の年間指導計画をつくっていくので、ひょいと動かせるタイプのものでは

ないという考え方で臨んだ。

運動会の秋開催を死守するために、私は、まず保健行事をいじることにしました。保健行事には、「本当に必要なのか？」と疑問（無駄）に思うような行事が数多くあったからです。

虫歯予防にせよ、風邪予防にせよ、いずれも健康維持が目的です。それならば、「自分の健康は自分でチェックして守る」ことを価値づけて教育計画を策定してしまえば、すべて行う必要はなくなります。

たとえば私の学校では、「よい歯の学校」という伝統があったので、虫歯予防週間1本に絞りました。そして、児童会の保健委員会を実施拠点にしてもらい、全教職員挙げての保健行事としたのです。一方、それ以外の保健行事については、児童朝会のミニ集会（委員会の主体的活動）として実施すればよいことにして削減しました。

ミニ集会にすれば、わざわざ学校の外から人を招聘して行う必要がなくなります。また、子どもたちの範囲でやれるものに変えたことで、先生方もずいぶん楽になりました。

教育活動を充実させるための教務主任の働きかけ

どの学校においても、何らかの形で職員作業を設けていると思います。夏に組むことが多く、古くから慣例的に行われているものです。

たとえば、運動会が秋開催の学校であれば、教職員みんなで夏休みに集まって、遊具などを全部点検したり、砂をもう一度盛ったり、ペンキで色を塗ったりします。これは体育の授業でも使うし、子どもが休み時間に遊んだりするわけですから、大事な仕事だと考えることができます。また、学校行事の備えと考えれば、それを束ねるのは教務主任となります。

しかし、大事なことだと頭ではわかっていても、実際に作業に従事している教職員の心中はどうでしょう？　本音としては、おそらく次のような受けとめなのではないでしょうか。

「暑くて嫌だな。それに、そもそもなんでこんな時期にやるんだ。早く終わらせたいよな。でも、しょうがない。時間が来るまでやっていくか」

あたかも「やりたくないことだけど、仕方なく惰性でやっている」という風情です。しかし、実は、この「早く終わらせたい」には「続き」があります。それは、こういうことです。

「職員作業はさっさと終わらせて、家庭科室を整備したい」

「自分の教室をきちんともう一度整えたい」

つまり、先生方の「早く終わらせたい」という心情は、「早く終わらせて遊びたい」わけではないということです。

よくよく考えてみると、その時期に必要なことというのは、遊具の点検ではないかもしれないのです。せっかくみんなで集まって仕事をする時間を組むわけですから、その時間にどんな作業を行うことが、2学期以降の授業の充実につながるのかという観点から精査しなければならないはずです。

たとえば、理科の備品の整理です。台帳と照らし、使いものにならない備品を廃棄しない限り、新しい備品が来ることはありません。そのため、備品の台帳整理と、実際のものとの照合、使えるか使えないかといった確認をしておくことがとても大切です。

これらは、まさにみんなで集まって行うのにふさわしい価値ある仕事です。とはいうものの、いつやるかとなると、年度当初はなかなか難しいものです。そこで、夏休みを利用するのです。遊具のペンキ塗りがどうしても必要だということであれば、遊具班と理科備品班に分けて、必要な人数を割り当てます。

ほかにも、学校には、本来的にはみんなで行ったほうがよいけど、なかなかできずにいることがあるものです。こうしたときには、いろいろな先生方の声を集めればいいのです。必要な時期に「何かありませんか？」と尋ねられれば、「実は…」という声がたいがいあがるものです。

ほかにも、図書室の図書整理などがあります。台帳と照らしながら検証すると、廃棄したほうがいい本が山ほど出てきます。この作業をきちっと行うことができれば、子どもたちにとって図書館がより魅力ある場に変わるのは間違いありません。そうすれば、国語教育のみならず図書館教育の充実も見込むことができます。

さらに、教師の自作教材の整理などもあります。道徳の時間の研究授業などのために、場面絵などを自作して活用したものの、授業後、置き場所がないから自分でもっていた結果、いつのまにか散逸してしまった、ということはよく聞く話です。

これは非常にもったいない話です。最初から「学校の一画にみんなで道徳の資料コーナーをつくりましょう」「資料の場面絵などを整理して保管しておける場所を整備しましょう」と働きかけておけば、散逸するどころか、学校の財産になるものですから。こうしたことが、学校には数多くあるのです。

職員作業ひとつとってみても、「どのような目的のもとに」「どのような効果を期待して」「だから何が必要なのか」という観点から共通理解を図った上で行うことができれば、職員作業の効果が高まるだけでなく、作業に対する先生方の意識もおのずと変わっていきます。

こうした働きかけは、教務主任だからこそできる仕事であり、存在理由です。

大切なことは、「去年もこうだったから…」という慣習に安易に流されず、虚心坦懐に校内を見渡し、疑問に思うことがあれば、担当の教師にヒアリングし、そこから生まれたアイデア・発想を形にしていくということです。

教育計画はA4・1枚

教務主任の大事なミッションは、教育計画そのものの大きな枠組みを、全体の授業も含めた全体像としてきちんと把握することです。把握した上で、無駄がないか、しっかり成果が上がっているかを常にチェックします。

建築になぞらえれば、設計図面がいい加減だったら家は建ちません。図面が正しくとも工事が杜撰《ずさん》であればいい家にはなり得ません。ですから、適切な設計図面となっているかを見抜く目と、図面にのっとってしっかり工事されているかを見抜く目の双方が、教務主任には必要です。

一般に、教育計画は、学校教育目標有り、教育目標実現のための着眼点有り、個々の具体策有りと微細に記述されます。本来は第三者（教育委員会）が見たときにも、その学校がどの方向に向かって進んでいくかがわかるはずのものなのに、実際には、「要素が多すぎ」「細かく書きすぎ」で、わかりにくいものが多いのも事実です。それでは、何のための設計図なのかということです。

そこで、私は教育計画の素《もと》をA４・１枚でまとめていました。

学校の教育目標があったときに、校訓があり、その周りに地域からの声と教育会からの課題があり、そこから学校の重点目標があり、教科の枠があり、教科以外の教育活動という枠があり、家庭・地域との連携に触れつつ、どのように具現化するかを簡潔にまとめる設計図です。

大事なことは、学校がどの方角を向き、いつまでに、どうやって実現するのかといった「方向性」「手法」「期日」をイメージ化し、教職員間で共有することです。

それはA4・1枚あれば、十分に表すことができるのです。

各教科等を通して、集団の中で「人を育てる」ことが学校の最大のミッションです。このミッションを具現化するための計画を簡潔に示せばよいのです。以前、勤めていた学校では、「時を守り、場を清め、礼を正す」という校訓に集約していました。

私が、いまもしその学校の教務主任としてその設計図に手を入れるとすれば、外国語活動の教育課程上の位置付けや、伝統・文化教育を簡潔に盛り込むでしょう。安全教育であれば、安全教育全体計画を策定するにせよ、それを学校全体の教育活動のどこに位置づけるかを工夫すると思います。

「子どもを育てる」という教育行為には、「個の確立」と「公の伸長」という2つの側面があります。個の確立という側面では、まず筆頭に学力が入るでしょう。それは生涯学習や自己実現につながっていくし、また体力もこの側面に入ります。一方、公の伸長という側面では社会参画が入ります。

教育行為に、この両面があってはじめて「子どもを育てる」ことが実現できるわけです。しかし、どちらかというと、学力重視の風潮が高く、学校もその風潮に追われて、「個の確立」に偏っている学校が少なくありません。しかし、一方の面のみ拡大していけば、全体としてはゆがんでしまいます。

公の伸長は、人が人間としてあるべきものを考えるわけだから、流行ではなく不易です。一方、次世代の世の中が変われば当然、個に対する社会からの教育要請が変わってくるので、（個の確立というと一見不易であるように見えますが）実は流行だという見方ができます。これは、資質・能力や見方・考え方、主体的・対話的な学習による深い学びを進めようとしている現在の学習指導要領改訂の方向においても、同様のことが言えます。

このとき、私が教育計画を変えなければいけないと思うのは、たとえば伝統・文化の取扱いです。

伝統・文化には2つの要素があります。一つは自分の国の成り立ちからのアイデンティティ。そして、もう一つは自国の文化を尊重することが他国を尊重する、国際理解の積極的な姿です。

これらの要素を考えたとき、先ほど例にあげた「時を守り、場を清め、礼を正す」では弱いなと思います。ですから、「校訓に手をつけていったほうがよいだろう」と判断し、先生方に働きかけていっただろうと思うのです。

教務の仕事の棲み分け方

教務主任の仕事には、どの学校においても共通して執り行わなければならない仕事と、その学校ならではの仕事があります。後者については、前年度、前々年度の分掌を紐解いて、特色に応じたその学校の教務の仕事を知っていくことになります。学校の教育計画が冊子になっていれば一番いいのですが、そうでなかったとしても、前任者のデータを引き継ぎ、すべてプリントアウトして手元に置いておきます。私の場合は、およそ3か月先くらいまではしょっちゅう見返して、「次はこれ、その次はあれ」と確認していました。

もう一つ非常に重要なのが、学校日誌です。前年度、前々年度の学校日誌を見れば、「どのような時期に」「どれくらいの期間」「誰が」「どのような要件で」出張したのかがわかります。これらの情報も非常に役に立ちます。

学校日誌で管理職を含む教職員の動きのアウトラインをつかんでおき、教務主任1年目に副校長・教頭から回ってきた分掌で必要なことや、誰がどこに出張したのかを必ずメモにとり、自分の気づいたことを吹き出しでコメントを入れておきます。

このメモ書きが1年分たまってくると、2年目からは学校の仕事の動き、人の動きをおよそ見渡せるようになります。初年度が一番きついのは、自分なりのメモがないからです。

効果的な事務整理とは？

1　年間のプランは時系列で整理する

基本的に、校務分掌もそうだし、年間指導計画もそうですが、一番重要なのは、1年間のあらかたのプランを時系列に全部ファイルしたものを参考にします。

この点については、学校によってやり方が異なっていると思いますが、私のいた学校では、基本的にバックナンバーが全部そろっていました。もしそれがない学校であれば、それを自分からつくってそろえておくことが必要だと思います。まれに分類別にファイリングしている学校がありますが、私はお勧めしません。時系列が一番です。

もう一つは、いまもたぶんそうなっている学校は多いと思いますが、たとえば校務分掌やその中の具体的な年間行事計画の素案などが、全部パソコンの中に整理されて入っている。もし、これがない学校であれば、つくっていけばいいという話です。どちらかというと、ある程度引き継いだものがあれば、それを毎年変えればいいということです。

ですから、事務の整理で多くの時間が割かれるといったことはあまりないはずです。もし手間暇がかかっているとしたら、これまでの蓄積がきちんと整理されていないか、整理されていたとしても分類別になっているなど、非効率な部分があるということの証左だと言えるでしょう。

2　過去の履歴から類推して仕事を整理する

教育計画を大きく変えるときもありますが、そうでないときは、同じ時期に前年度には何があったのかを調べて、1年間の予定表に、前年度の予定を書き込んでしまいます。そして、およそ2か月前あたりになったら前年の資料を見るわけです。

さらに、前々年度も見て、改善が加えられたのか、加えられていないのかという二つの目で見ることも大事です。ある程度定着しているものは、それほど改善する必要はないのですが、一つ前の年度から次の年度を比較したときガラリと変わっている事柄があれば、そこには大きな問題があったということであり、現在新しいものにつくり上げている途中なのだということがわかります。

もし、校務分掌で担当する主任が職員会議で提案するとすれば、事前に「そろそろ職員会議で提案してもらうことになると思いますが、準備していますか」とその教師に促します。「それはなぜか」と尋ねられたら、「昨年のこの時期、計画に大きな変化が加えられていますよ。ということは、かなり問題があるはずです」と指摘することができるからです。

議論が揺れている案件であれば、原案の段階で「どうなりましたか？　職員会議で耐えられますか？」という調子で、わざと相談に入り込んで、そこに自分の考えを入れてしまいます。また、何ら変える必要のない不動の案件であれば、職員会議で時間をかけないようにします。紙を出して終わりという案配です。

これは学校の風物詩とも言えることですが、先生方に文書をお渡しすると、書いていることを頭から読み上げようとします。これは何の意味もありません。だから、文書を配布する際に「見ておいてもられれば結構です」と先手を打ちます。

3　新しく赴任してきた教師には、その学校で当たり前のことでも、最初の段階で丁寧に説明する

毎年度、学校に新しく赴任してくる教師がいますが、赴任してきたばかりの教師は、卒業式一つ見ても、違和感を覚えるものです。前任校でのやり方と違う、学校文化が違うといった違和感です（人間誰しもそうだと思います）。

だから、資料一つ配るにしても、ただ配って終わりではなく、そうした違和感を放っておくべきではありません。最初の段階で、「うちの学校では…」と説明してしまえば、赴任してきたばかりの教師の意識はリセットされるし、安心感にもつながります。

諸表簿の管理

1　諸表簿はいつチェックするか

次は、指導要録や健康診断票等々の諸表簿についてです。この整理はいつ誰が行うものでしょうか。

指導要録であれば、学級が変わって担任が決まった段階で、即、それを並べ替え

て、確認しなければなりません。その指示を出すのが教務主任です。この指示はできるだけ早いほうがいいのです。

指示を出すに当たっては、理由も明確にします。これには確認の意味もあります。次に教務主任が常にやらなければいけないのは、転出入にかかわる諸表簿の出入りをきちっと管理することです。転出入の管理は教頭ではありません。教務主任の大事な仕事です。

諸表簿のチェックや振り分けを行うべき望ましい時期は、学年と担任が決定された日です。その日に学年会を開いて、ほかの作業と一緒にやったほうが一番よいのです。

学級替えがあることを前提とすると、諸表簿の分けっこをします。みんなでひもといて「誰さんはどこへ行ったかな」と。そして新しいところにつづって、担任印を表紙に押します。この作業を教師そろって「いっせーのせー」でやるわけです。

諸表簿のチェックを教務主任一人で抱え込んで行う学校はないと思いますが、後回しにして、「〇月〇日に教育委員会訪問があります。まだ諸表簿を整理していない学年はすぐやってください」などと指示している学校は、現実に存在するのではないかと思います。

そうすると、（教育委員会にもよるでしょうが）だいたい5月の連休明けぐらいまで先送りされてしまうことになります。4月6日までに行ってしまえばよいものを送らせてしまうわけですから、気をつけないと、1か月から1か月半くらい諸表簿の整理がなされないまま。その間、指導要録は有効に活用されないことになります。2章でも紹介した事例ですが、これでは、何か問題が起きても、迅速な対応を臨めなくなります。

2 転出入への上手な対応法

教育委員会に提出する書類は、自治体ごとの学校管理規則によりますが、在籍日が確定するその日に初めて出席簿の印を通し番号で整理するというのが基本です。一般的には、4月8日に既に健康観察で子どもたちがいるかいないかを確認しますから、先生方には「始業式の日まで待って印鑑を押してほしい」とお願いします。

ただ、学校の在籍数確定というのが、以前は法律上4月30日ごろだったので、それが学級数の確定に当たるところですから、「それまでは指導要録の通し番号はまだ打つな」という指示になります。あくまでも指導要録を分けっこするだけで、番号は打たないということです。

このようにしておくと、今度は、転出入の表簿がまだ届いていないときに、「〇〇さんは転入の2号3号様式は来ているけれども、まだ諸票は届いていません。届いたらすぐ渡しますから、そのとき中に組み込んでください」と言えるわけです。学級数を確定する段階で転出入を加味した形で反映されるという形になるわけです。

一番わかりやすいのは、次のような方法です。

名簿上の名前の順で、指導要録が分けっこされたとします。その途中で転入が来たら、「転入については写しと、その上に新しいものを起こして、まだ番号を打たないで挟んでおいてくれ」というようにして、「学級数が確定した時点で通し番号を打つように」と指示します。

転出入の管理は、非常に重要です。なぜなら、学級数が教員の定員数を決めるので、それが全部監査の対象になってくるから、ダブルチェックになるわけです。

諸表簿関係まで教頭が行うとなると、パンクしてミスも出ます。だから、少なくとも指導要録、健康診断票、その原本になる2号3号様式といわれる転出入の様式と出席簿との照合は教務主任がやっておいて、「一応大丈夫です。確認をお願いします」というダブルチェックをするのが間違いのない方法です。

転出入のチェックは４末までに行います。同じ時期に、金銭関係のチェックがありますが、これは教頭がすべてやらなければいけません。そこは事務と教頭の関係で、教務は一切立ち入りません。このように仕事を分けるわけです。

すっきり分けるのは、服務関係と金銭関係です。服務については教務主任は何ら権限をもちませんから当然かかわりません。

学校予算は教務主任の現実感覚いかんで実効性が左右される

学校予算のプランをつくり、それを決定していく一番の鍵になるのは事務主任です。その事務主任が一番求めているのは、教材・教具や備品の実態などの情報です。こうした情報は、事務主任になかなか届かないことが多く、どのような備品をどのように配当するのが適切なのかで、いつも頭を悩ましています。ですから、彼のほしい情報を提供するだけでも、より適切な予算を組むことができます。

その際、「たとえば、こういうことはできますか？」などと、アイデアをセットに具申する（知恵をつける）とさらに効果的です。一つの予算には限りがありますが、その予算を5年間ぐらいの間でどうしたらいいかとか。そのときに、何らかの理由があったほうが、事務のほうも管理職に説明しやすいし、納得を得やすいのです。

ですから、職員作業などを通して、備品がどれだけ不足しているのかをきちんと把握しておき、その資料をまとめて提供するのです。

最終的な学校予算の原案は、教頭と相談しながら事務主任がつくり、校長の決済を得るというのが学校経営上のルールですが、その決定にどれだけ実効性を付与できるかは、まさに現場サイドの実態に即した情報が鍵を握ります。ですから、教務だからこそ収拾できるデータをもとにアイデアを出していくということです。

たとえば、これから、ぜひ事務主任に提案（知恵）を出してほしいことの一つに社会科で使う地球儀があります。

仮に３０人の学級に地球儀が3個あったとします。すると、１個の地球儀に１０人の子どもが集まることになります。

小学校学習指導要領においては、第6学年において「社会的事象を具体的に調査するとともに、地図や地球儀、年表などの各種の基礎的資料を効果的に活用」すると規定していますが、１０人で1つの地球儀で、果たして地球儀を活用する力が一人一人につくのかということです。それがいかに無理なことかおわかりになるでしょう。

それならば、いったいいくつあればよいのか。1人1つは無理でしょうし、4人編成のグループ学習であれば、地球儀に触れないお客さんが1人出るでしょう。それならば、3人に1つあれば「地球儀を活用する力」をつけさせられるだろうと判断することができます。

すなわち、学校全体の授業力向上のために必要な予算を考えるわけですから、そのために必要な情報を事務主任に提供する際、学習指導要領の定めと授業への具体イメージをあらかじめもっておくことが非常に重要だということなのです。

教育委員会から下りてくる調査業務は、事前に「推理」して体制を整えておく

現在、教員の多忙化としてあげられる要因の一つに、教育委員会から下りてくる調査業務などがあります。これは、前もって推理しておくだけで全然違います。

たとえば、県内の学校で体罰事故が発生すれば、県内全域の学校で調査が入るであろうことは予測がつきます。このとき、教育委員会からの指示を待つまでもなく、

関係する分掌で校内の情報を資料にまとめておき、もし自分の学校で体罰が起きたらどういう対応をするかをあらかじめ研修してしまうのです。

大切なことは、情報のアンテナを張っておくことです。体罰事故のように必ず調査が入るような案件だけでなく、たとえば、「このたび、文部科学大臣が中央教育審議会に対し学習指導要領改訂にかかわる諮問を行った」というニュースを耳にしたら、近いうちに学習状況の調査が入るだろうことを見越して資料をまとめておくのです。実際に調査業務が下りてこなかったとしても、わが校の子どもたちの学習状況をまとめておくことは、決して損にはなりません。

教育現場で何かトラブルが起きたとき、なぜ教育委員会から調査業務が下りてくるかというと、（いくつかのパターンがありますが）たとえば市議会などで「うちはどうなっているんだ？」という質問が出るからです。すると、その質問への答弁を用意するために、慌てて教育委員会が実態調査を実施するわけです。このような教育行政の仕組みを知っていれば、「あぁ、このパターンだと調査業務が下りてくるな」ということを推理できるようになります。

そもそも、教師が「もう、何だよ、この忙しさは…」となるのは、すでに予定がしっかり組まれているのに、その間に割り込んでくるような形で別の仕事が入ってくるからです。だから、見通しをもって仕事ができれば、多忙感ではなくやりがいを得ることもできるでしょう。

万事「備えあれば憂いなし」といったところでしょうか。

おわりに

研究を通して職員が一丸となる、その意識が波及して学校がチームとして機能するという感覚は、実際にやってみないとわからないことの一つです。

このような感覚を味わうには、若いころからプラスの経験をいかに積み重ねていくか、そしてそれをいかに生かすかがとても大切です。チャンスをもらい、自分なりの知恵を加えて改善したのだという気持ちをもって、一つの仕事を全うする。よい仕事を通じて、自信につなげていく。

私の場合、**「自分なりのアイデアをもとにして、ほかの教師を巻き込み、チームとして取り組めば物事は必ず改善される」**と信じていました。

裏を返せば、立場が変わって、自分が教務主任になったら、できるだけ早い時期に若手が職能成長を果たせる舞台をつくってやることなのだと思います。

ですから、自分がよいと思ったことを実現したかったら、周囲の教師を巻き込んでいかなければなりません。どうせ巻き込むなら、気持ちよく巻き込むことです。

これがもう一番！

私はスポーツ観戦が好きですが、なかでも「サッカーはすごいな」と思っていることがあります。それは、キックオフ直前にチームの写真を撮るでしょう？ それは、「同じイレブンでプレーすることはこの先ないかもしれない、この1試合がすべて」という考え方です。チームというのも偶然的な出会いだけれど、それが一つのドラマをつくっているのです。

ラグビーだってそう。たとえば、早稲田大学が明治大学と戦う前に、監督とチーム全員が輪になる、これから全員一丸になって試合に臨む、そういうスクラムを組む関係をつくっていく。

これを学校現場になぞらえれば、スクラムを組むチームリーダーとしての教務はとても大事だし、血がみなぎるような時間をチームとして共に過ごせることは、本当に大きなやり甲斐だし、その後の教員人生を力強く切り拓いていく自信につながります。

最初のうちは、本当に小さな仕事からのスタートです。それがいずれ仕事の規模が大きくなっても、根本にある理念と理屈に変わりはありません。そのようなスタンスで仕事を進めていければ楽しい仕事になります。本当は苦しいのですが、苦しくて楽しい仕事です。小さな成功から巻き込んでいって変えていければ一番いいのです。

「よし！　この仕事が終わったときの乾杯の姿を思い浮かべながら、みんなでいっちょやろうよ」

これが私の合い言葉。教務の仕事なんて、結局のところそういうものなんだろうと思います。

安野　功（やすの・いさお）

國學院大學教授として、教員養成に心血を注いでいる。専門は社会科教育。前職の文部科学省教科調査官時代には、現行（平成20年版）学習指導要領（小学校社会科）の改訂を担当。

小学校教諭、教育委員会指導主事の経験をもち、その間、浦和市（現・さいたま市）立高砂小学校、道祖士小学校において研究主任、教務主任を歴任。研究・研修を軸とした学校づくりのチームリーダーとして辣腕を発揮。このときのチームメートの多くが、現在、埼玉県さいたま市の教育委員会、校長として活躍している。

主著は、『社会科の新しい使命』（日本文教出版、2013年）、『板書で見る全単元・全時間の授業のすべて（小学校社会科）』（東洋館出版社、編著2011年）、『安野功の授業実践ナビ社会』（文溪堂、2010年）、『社会科授業力向上５つの戦略』（東洋館出版社、2006年）など、多数。

限られた時間で最大限の効果を生み出す！
教務主任の仕事整理術

2016（平成28）年７月20日　初版第１刷発行
2020（令和２）年６月17日　初版第３刷発行

著　者　安野　功
発行者　錦織圭之介
発行所　株式会社　東洋館出版社
〒113-0021　東京都文京区本駒込5-16-7
営業部　電話 03-3823-9206／FAX 03-3823-9208
編集部　電話 03-3823-9207／FAX 03-3823-9209
振替　00180-7-96823
URL　http://www.toyokan.co.jp
装　幀　中濱健治
印刷･製本　藤原印刷株式会社

ISBN978-4-491-03251-1　Printed in Japan